新時代の変化の法則

「なりたい自分」を科学的につくる方法

株式会社 ビジネス・ブレークスルー ビジネスコーチ
阪田陽子
Yoko Sakata

楓書店

新時代の変化の法則

「なりたい自分」を科学的につくる方法

はじめに

心が変われば行動が変わる
行動が変われば習慣が変わる
習慣が変われば人格が変わる
人格が変われば運命が変わる

これは、アメリカの心理学者、ウィリアム・ジェームズの言葉とされていますが、マザーテレサや、ヒンズー教の教えにも、似たような言葉があります。
そして多くの成功者が、行動を変えるには、「心を新たにする」、つまり、「意志」を強くしたり、「思考」を変えたりすることが大事だと言っています。

ぜひ同じように変わりたい、成長したいと思いますよね。特に、社会が混迷を深め、リスキリングなど変革が求められる昨今、自分も変わらなければ！　と考える方は多いことでしょう。

しかし――、心や気持ちは変わっても、やっぱり行動できない、変わればよいとわかっているのに一歩が踏み出せない、そんな経験はありませんか？

そして、「自分が変われないのは、意志が弱くて努力や根性が足りないからだ、私には無理」とか、「コロナ禍で不況だし、運がない、だからモチベーションが持てない」……と、変われない自分を否定したり、不運に無気力になったりしていませんか？

その気持ち、わかります。私も、長く、自己否定の時期を過ごしましたから。


しかし、もし皆さんが、**「変わりたいけれど変われない、でも変わりたい！」**という気持ちを抱いているなら、是非、本書の方法をお勧めしたいのです。それが、冒頭の言葉とは逆の方法、つまり、**心＝意思から行動を変えるのではなく、行動から意思を変える方法**です。

そのベースになっているのは**「行動分析学」という心理学の手法**で、「誰がやっても同じ結果が出る」と論証されている科学的な方法です。

この方法なら、強い意志も、根性・努力といった忍耐力も必要ありません。むしろ、前向きな気持ちで自分を変えることができる、魔法のような方法です。

科学が魔法だとしたら……、これは魔法かもしれません。

ただ、その科学的な方法を学術的に説明してしまうと、かなり難解になってしまいます。ですから本書では、どなたでも使えるように、言葉を言い換えるなどして、「自分を変える方法」のエッセンスのみを伝えることにしました。

社会の変革期にあっても、素晴らしい変化を遂げる一助になればと願っています。

この本を書くに当たって……

現在、行動分析学とコミュニケーション改善をベースとしたビジネスコーチとして活動している私ですが、まずは、「変化の法則」にたどり着いた経緯をご紹介させてください。

きっかけは、子育てでの挫折でした。私は現在もフリーランスのアナウンサーとして活動していますが、かつて、子どもが小さかった頃、朝の帯番組を持ちながら、夫が単身赴任で子育てワンオペ状態だったのです。次女は保育園には入れず幼稚園で、長女はまだ手のかかる小学校低学年。朝食とお弁当を作った後はシッターさんに任せて出勤し、お昼には仕事が終わり、幼稚園や長女のお稽古ごとの送迎、そして夕飯に突入と、本当に余裕のない生活……。私は自分をコントロールできず、感情のおもむくままに娘達を叱り飛ばしていました。

そんなある日、本当に穏やかな性格の長女に、「お母さんの心を、神様にどうにかしてもらって！」と、わんわん泣かれたのです。気づけば、怒られてもいない次女まで、私の鬼の形相に大泣きしていました……。

これではいけない、と心底思いました。本当は、娘達の成長を願っているのに、どうしても自分が制御できない。変わらなければいけないとわかっているし、何度も心を入れ替え、気持ちを改める、でも、いつも結果は同じ……。自己嫌悪と感情の爆発に長く苦しみました。

そこで、カウンセリングを学ぶため、40歳のときに大学の心理学科に入り直し、認定心理士の資格を取りました。しかし、「変わりたいのに変われない」という自分自身の改善はできないままでした。自分のマイナス思考をゼロに戻す方法はわかったのですが、行動に移す「ＨＯＷ　ＴＯ」が、相変わらずわからなかったのです。

そんな時、偶然、カウンセラー仲間から、コーチングというものの存在を聞かされ、ハッとしました。成長したい人を支援するコーチングは、私の原点「娘達を成長させる親になりたい」という「ゼロをプラスに」という願いにマッチしていると確信し、コーチングに舵を切りました。

さらに、コーチングを学ぶ中で、衝撃的な出会いがありました。「心の知能指数」といわれるＥＱの存在です。「自分の感情をコントロールし、自分を適切な行動に導く力」であるＥＱは、感情を整える方法を教えてくれたのです。

そして、コーチへ転身したことで、アナウンサーとしてのコミュニケーションの専門性が生かされることとなり、ビジネス関係の仕事が増え、私の人生を大きく変えてくれました。

ある時、経営指導やリカレント教育といった人材育成を行う教育機関「ビジネス・ブレークスルー（ＢＢＴ）」に、ビジネスコーチとして声をかけてもらうに至ったのです。

特に、現在も担当している講座「リーダーシップ・アクションプログラム」は、その名の通り、リーダーを養成するため、「知識」と「行動（アクション）」の両輪で自分を変えていくプログラムです。これは、大前研一学長の「今後必要なのは構想力だ。しかし、知識があっても行動しないと何もならない。知識を様々なことに活用し、トレーニングを積むことで構想力が高まる」という、「行動」することに対する強い信念が体系化された講座なのです。

私のコーチングでは、立場や環境、スキルによってさまざまである「変えるべき行動」を実際に変えられるよう導いていきます。最初に、これまでの人生の振り返りを行ったうえで、目指すべき方向性や、人生の目的、自分の軸を明確にする作業を、1対1で個別に行って設定します。多くの気づきを得るのはもちろん、「行動すること」で、自分の変化を確実に実感していただいています。

そんな私が、さらにコーチングを究めるためにたどり着いたのが、50歳を目前にして入学した大学院で学んだ**「行動分析学」**。これが、人生最大の転機となる出会いでした。

特に衝撃を受けた学びは、**やる気があるから行動するのではない、行動するからやる気になる、つまり、「感情や意志・思考といった《心》は、行動した後に生まれる」のだから、自分を変えたいのなら、心を変えるより、行動が先だ、**ということです。「変わりたいけれど変われない」を解決する、コーチングの「第三の目」が開いた瞬間でした。

ただ、昨今コーチングを行う中で強く感じるようになったことがあります。それは、コロナ禍による価値基準の崩壊、世界情勢の不安定化により、正解のない社会の混迷がさらに深まり、多くの人が、将来の方向性や生きる目的を見失い、自分は何をすべきか、一歩が踏み出せない状態だということ。もはや、人生を変化させるには、「仕事」「人生」「生活」、それぞれ独立して考えるのではなく、一体化して考えなければならないと実感しています。

今、私たちは新しい価値観を目指す転換期を迎えています。**過去の成功事例を目指せば幸せになる、という時代は終わりました。これからは、「自分が幸せ＝快」と感じる自分基準で判断する時代なのです。これこそが「新時代の変化の法則」**なのです。

幸いにもご縁があって私のコーチングを受けた方は、明確になった自分の「生きる目的」

に向かって行動を起こし、仕事で、プライベートで、大きく変化を遂げてくれています。

そして、有難くも、そんな皆さんから、もっと体系だって学べる本が欲しい、という要望を沢山いただくようになりました。折角なので、私のコーチングを受けない人でも「自分を変える」助けになればと思い、「変わるための法則」をご紹介することに至りました。

まずは理論を知りたいという方は1章から、「理論よりも具体的な実践方法を知りたい」という方は、個別のお悩みへの解決法をお伝えしている3章から、お読みください。

きっと、「そうはいっても、まずは、気持ちが変わらないと行動できないものでしょ?」という疑念で一杯ではないでしょうか。しかし、本書を読み終えた後は、必ずや「変わりたいけれど変われない」自分を変えてくれる助けとなると確信しています。

本書が、どんな時代も生き抜く「人生を変える」第一歩に役立つことを願っています。

Contents

第3章　「変化の法則」を活用すれば、どんな悩みも解決できる
――すぐ使えるシーン別Q＆A　77

第1章

もっとラクに自分を変えたい人に

知っておきたい「行動分析学」の基礎

変わりたいのに変われないのはなぜ？

「変わろうと決心したのに、なかなか変われない」というジレンマは、多くの方が抱えているものではないでしょうか？

「私は意志が弱いから、続かない」

「変わりたい気持ちはあるのに、やる気が湧いてこない」

「能力がないから、やろうと思ってもできない」

そして、

「もっと意志を強くしよう」「やる気を出そう」と頭ではわかっていても、自分の性格を簡単には変えられず、「変われない自分はダメだ」「つらい」「苦しい」という迷路にはまってしまっているのではないかと思います。

しかし、実はこうした状況から抜け出す方法があります。**「ある手法」を用いれば、悩んだり苦しんだりせず、ラクに自分を変えることができる**のです。

「そんな手法を使えるのは、そもそも能力を持っている選ばれた人だけじゃないの？」そんな心配はいりません。この手法（学問）を知って、最初は疑いながらでもいいから、まず実践してみてください。あなたは確実に変化した自分を実感できるはずです。実際、この手法によって驚くべき変化を遂げた人たちを私は何人も見てきました。その人たちは、持っている性格も能力も仕事上の立場も異なりますが、どの方も希望する変化を遂げています。

その手法こそが、**「行動分析学」を応用した「自分を変える方法」**です。

行動分析学は、心理学の一分野で、文字通り行動を分析する学問です。分析によって、生物（人間だけでなく動物全般を対象）の行動の裏にある「原理」や「法則」を導き出し、それを生物の行動の予測や制御に生かします。さらにそれを応用することによって行動を修正し、「変えたい」問題を解決します（「応用行動分析学」といいます）。

実際に行動分析学は、ミスが許されない医療現場などでも応用されていて、人の「努力」や「根性」といった不確定要素に頼らずに、人為的ミスをなくす手法として役立っています。いわば、「意思」「気持ち」に頼らずに人の行動を変える、変化させるのに最適な法則なのです。

行動分析学から見ると、変わろうと思ってもなかなか変われない原因の1つに、「気持ち」があります。**変化できない理由を「意志が弱い」とか、「やる気が出ない」といった気持ちのせいにすると、人はなかなか変われない**のです。

例えば、消極的なあなたが、「今日から積極的になろう」と決心したとしましょう。しかし、「積極的な気持ち」とは、どんな「気持ち」になることでしょうか？

気持ちは見えないし触れないので、気持ちの「形状」も、自分が変われたかどうかも、確認はできません。仮に、「気持ち」を変えたとしても、「何をすればよいか」わからなければ、行動できません。残念なことに、あなたが「気持ち」を変えたとしても、行動に表れなければ、結局、今までとすることは同じなので、何も変化が起こらないのです。

その結果、多くの人が、「能力がない」「性格的に向いていない」から変われない、と考えがちです。

まず理解して欲しいのは、例えば、**他人から言われる「消極的」だという「性格」「能力」**

は、あなたの「行動」につけられたラベルであり、あなたの「人間性」「生来の素養」を指しているわけではない。つまり、行動が「消極的」だと言っているにすぎない、ということです。いわば、**行動を変えれば、「性格」も「能力」も変えられる**のです。

しかし、なぜ私たちは、例えば「消極的な性格」だと思い込んだり、その結果、「苦手意識」「変われない」という「気持ち」を持ってしまったりするのでしょうか？　それは実は、その人の過去の経験に根差している部分がとても大きいのです。

例えば、人前で話すことが苦手な人は多いでしょう。しかしこれには原因があるのです。「もっとちゃんと喋りなさい」と親から怒られたり、「喋り方が変だ」と周囲から笑われたというちょっとした経験がすり込まれ、「自分は人前で話すのが苦手」と思い込んでしまうのです。

英語に対する苦手意識も同様です。学生時代に試験で赤点をとって落ち込んだり、外国人と接してうまくコミュニケーションがとれなかったり、といった経験があったのではないでしょうか？　もし、自分のレベルに合ったプログラムで勉強して、満足のいく結果を得ていたら、「やればできる」という気持ちになっていたはずです。試験はできなくても外国人の友達がいれば、少なくとも「嫌い」にはなっていなかったでしょう。

この**「経験による苦手意識」を、自分の能力や性格だと思い込んでしまっているために、本来は素養や才能があるのに、「変われない」状態になっている人が非常に多い**のです。

そこで、皆さんに提唱したいのが、**「気持ち」にはフォーカスしないで、まずは「行動」を変えてみる**ことです。

「やりたくない」「できない」「嫌い」というネガティブな気持ちは誰にでも生じます。その気持ちを無理に抑える必要はなく、ただ行動だけを変えようというわけです。

と言うと、「えっ！　気持ちと反対のことをやるってどういうこと？」と思われるでしょう。嫌いだと思っている上司に、笑顔で話しかけるなんてとても無理、と感じるかもしれませんね。

「気持ちはそのままで」どうやって行動だけを変えていくのか。具体的なアドバイスに入る前に、そもそも皆さんは、どのようにして自分の行動を身につけてきたのかということを、行動分析学をベースに解説します。

なぜなら、**行動や思考の「習得の仕組み」を科学的に知っておけば、それを応用した「変化の法則」に納得して取り組めて、「変化できる」確率が高まる**からです。

この章では、「なぜ気持ちから変えるのが難しいのか」、そして「なぜ自分は変われないのか」といった疑問の解消とともに、**行動分析学をベースに「どうすれば変われるのか」という「変化の法則」を導き、変化に向けた第一歩をお手伝いします。**

行動分析学における行動の基本は**「反応（専門用語ではレスポンデント行動）」と「操作できる行動（専門用語ではオペラント行動）」**の２つで成り立っているとされています。

そう言われても、レスポンデントやオペラントといった用語は多くの人にとっては初めて聞いた言葉で、難しく感じられるかもしれませんね。

行動分析学は、非常に面白い学問なのですが、詳しく説明すると、どうしても難解な表現になってしまいます。今回は、「変化」に必要なエッセンスのみをご紹介するので、安心して読み進めてください。

苦手意識をなくすのが難しいわけ

まず、**「反応（レスポンデント行動）」とは、生体反応としての反射や生理現象**を指します。これは基本的に、「コントロールできない行動」です。

私たちは、大きな音には驚くし、熱いものに触ったら手を引っ込めますよね。このような反射的に行うことや、長時間何も食べないでいるとお腹が空く、ずっと起きていたら眠くなる、といった「ある状態（環境）」になると、本能的に起こる反応は、「好き・嫌い」「得意・苦手」といった気持ちとは無関係です。自分の意志とは関係なく、ある状態になったら反応して、行動します。

こうした**先天的に身についている行動のことを行動分析学では「レスポンデント行動（反応）」**と呼んでいます。

そして、レスポンデント行動にはもう1つ、**後天的に経験することによって身につける、反射的な行動**があります。これを**「条件付け」**と言います。

例えば、梅干しを見ただけで唾液が出るのは、「梅干しを食べると酸っぱい」という経験によって条件付けされた「反応」です。歯医者さんのキーンという音を聞いただけで、歯がうずくような反応が起こることも、同様ですね。

こうしたレスポンデント条件付けを、科学的に証明したのが、「パブロフの犬の実験」です。メトロノームの音と同時に、餌を繰り返し与えると、犬はメトロノームの音を聞いただけで、餌がなくても唾液を分泌するようになるのです。

この条件付け反応が起こる状況を、皆さんの日常生活に当てはめてみましょう。

あなたに、苦手な上司はいませんか？　顔を思い出しただけで嫌悪感が起こり、同席する会議を想像しただけで憂鬱になるような。この感情は過去の経験によって条件付けされた可能性が高いのです。

思い返してみてください。その人があなたの上司になるまでは、ただの他部署の課長の一人だったはずです。廊下ですれ違っても軽く会釈する程度の一人。その時点では「好き」「嫌い」といった感情はなかったでしょう。

しかし、上司になった途端、人前でけなされたり、会議中に自分の発言に対して大声で叱責されたり、といった出来事がありませんでしたか？

いずれにしても、ある行動によって、恐怖や怒りを感じる強いストレスを経験し、その行動が「条件付け」されてしまった可能性があります。

条件付けされた反射的な反応は、自分では制御できません。生体反応として起こる「嫌悪感」「恐怖」「不安」「悲しみ」をコントロールしようとしても、条件付けがされていたら、行動の仕組みとして、抗うのは無理なことなのです。

また、このような条件付けは、同じような状況でも引き起こされるため、営業やプレゼンなど、「人前で自分の意見を言う」といった同じような状況でも恐怖感を持つようになります。

この「条件付け」の仕組みを知らずに、**「苦手意識を抑えよう」「性格を変えよう」と頑張ったり、努力してもうまくいきません。**むしろ、自己嫌悪や無能感・自己肯定感の低下など、悪い結果を引き起こしてしまいます。

仕組み　条件付けされた生体反応はコントロールできない

でも、この仕組みを知った今ならば、気持ちだけ変えるのは難しい、ということを理解していただけたのではないでしょうか？

苦手意識に翻弄されず、変化を遂げるためには？

次にご説明するもう1つの行動が、自分を変えるために重要な**「操作できる行動（オペラント行動）」**です。先ほどの「反応（レスポンデント行動）」と異なるのが、「自分でコントロールできる行動」だということです。例えば、歩く、本を読む、相槌を打つ、暗くなったら電気をつける、信号が青になったら横断歩道を渡る、もっと言えば、考えたり、ゲンを担いだり……、日常生活のほとんどの行動は、経験によって学ぶことで、自分で「する・しない」を選択し、自発的に「行動（オペラント）」しています。

ここで、知ってもらいたいのは、**オペラント条件付け**、別名**「強化の原理」**と呼ばれるものです。**変化したい人の強い味方となる「スキルアップ」や、「やる気」「モチベーション」に大いに関係する理論**です。

例えば、「毎日、英語の勉強をする」という目標を立てたのであれば、それを継続していくにはモチベーションが必要ですよね。

これからは語学が必須だと勉強を始めてみても、結局1か月も続かない、という経験をされた方は多いでしょう。そして、「自分にはモチベーションが足りない」「やる気がない」、どうせ自分は変われない……とマイナス思考に陥っていきます。

では、どうすればモチベーションややる気を持てるようになるのでしょうか？

その仕組みを証明したのが「ネズミのレバー押し」実験です。これは、ネズミが偶然レバーを押すことで餌を得る、つまり、「行動した後に、良いフィードバック＝報酬を得る」経験をすることで、その報酬ほしさに「レバーを押す」行動を、自ら進んで繰り返すようになる、というものです。

人間も同じで、**行動をした後に報酬を得ると、同じ行動を、自発的に繰り返すようになります**。さらに言えば、先ほどの実験で、ネズミに「気持ち」があったかどうかはわかりませんが、我々人間は、人に褒められるなど、良いフィードバックを得ると、満足感＝「快」を感じ、また「快」を得ようと行動を繰り返すのです。

また、「快」という意識を持っていなくても、**皆さんが繰り返し行っている行動は、良い習慣はもちろん、悪い習慣も、自分にとって都合が良い＝「快」だから行っている**のです。何かの経験から身について、無意識に行っている行動は、非常にたくさんあるのです。

仕組み　行動の結果「快」を得ると、その行動は繰り返される

そして、この「快」を得ながら自発的に繰り返す行動は、「トレーニング」しているのと同じですから、私たちは少しずつスキルアップしていきます。

つまり、**「スキルアップ＝成功体験」を積んでいく過程で「できる感」（自己効力感・自己肯定感）を得て、私たちは「やる気」や「自信（できる感）」という意志を持つようになる**の

です。

このように、「やる気」「モチベーション」や「自信」といった前向きな意志は、「行動した結果、得られるもの」なので、最初から持っているわけではありません。自ら「行動」して「作っていく」ものなのです。**「快」や「良いフィードバック」を得る経験こそが、「やる気」という意志を作る**のです。

仕組み　行動して初めて、自分の意志が決まる

「やる気になろう（今の気持ちを気持ちで変えよう）」「やる気はそのうち出てくるだろう」と考えていると、いつまでたっても変われないということ、そして、この仕組みを使えば、モチベーションは作れる、ということを、ご理解いただけたのではないでしょうか？

成功体験がないなら、まずは行動して、新しい経験値を作ることです。「やればできる」「不可能はない」などと言う人は、過去に「やればできた」という経験があるものです。

脳科学的にも、**行動した後、褒められるなど「できる感」を得たりすると、報酬系の神経伝達物質ドーパミンが分泌されて「モチベーション」につながる**ことがわかっています。さらには「できるかも」と思うだけでドーパミンが出るようになるとされています。

先ほどの英語の勉強で言えば、毎日何ページなどクリアすべき小さい目標を立てておけば、達成感が報酬になります。もし、先生についているのであれば、「頑張りましたね」「上達しましたね」と褒めてもらうことが報酬になったりします。

このような「目標を達成するための報酬」のことを「インセンティブ」「メリット」と呼んだりしますが、こうした**報酬は人それぞれなので、自分に合ったた報酬を設定することが大事**です。そうでないと、どんなに評判の良い英語教室でも、通い続けることができません。もしかしたら、あなたにとっての報酬は、お気に入りの先生に会えることかもしれないし、教室で友達と会えることかもしれないのです。だからこそ、「自分の報酬（「快」）はどこにあるのか」知っておくことは、非常に大事なのです。

つまり、**行動の結果、自分だけの「快」を得られるようにすれば、行動は変えられる、**

ということです。

仕組み　自分にとっての「快」を選択しないと行動しない

一方で、行動の条件付けは、行動を増やすだけではありません。罰を与えられたり、または報酬を奪われたりした場合には、その行動をしなくなってしまいます。

例えば、新規の案件を会議で発表しても、毎回のように否定されると、もう提案しなくなります。これは、「罰（悪いフィードバック）を与えられる」ために、行動しなくなるケースです。

また、会議で発言した結果、評価が下がるようなことがあると、提案しなくなります。これは「報酬（良いフィードバック）を奪われる」ために、行動しなくなるケースです。

いずれも、最初から「やる気」がなかったわけでも、「消極的な性格」だったわけでもありません。行動の結果与えられたフィードバックが「不快」、という経験をしたことによって作られたものなのです。

誰でも「不快」なことは避けたいものです。しかし、ある経験によって行動が減ったことで、「消極的だ」と言われ、それを「性格」と思い込んでしまうと、行動に苦手意識を持ちます。ですが、これは意識であって、本人の素養や才能とは関係ありません。

そして、そもそも行動が減るとスキルアップせず、「できない」感が増すうえに、「不快」は避けたいので、ますます行動は減ることになります。

このように、**行動の結果得た「苦手意識」は、本来の素養や才能とは関係なく、作られるもの**なのです。

仕組み　「不快」な結果を得ると、能力に関係なく、行動しなくなる

つまり、私たちは自分の能力とは関係なく、ある経験によって「できる」と感じたり、「できない」と感じたりしているのです。そのときの環境がたまたま、「褒めてくれる人がいた」「けなす人がいた」「成功できる環境だった」「無力感しか得られない環境だった」ことで持ってしまった「偶然性」の高い基準である場合が、非常に多いのです。誰かのちょっとした言葉が、皆さんの性格や人生を、大きく左右しているのかもしれません。

なりたい自分を叶えるための「変化の法則」とは

では、こうありたいと思い描いている自分に変わるために、どうすればいいのか。実は、**偶然性によって身につけた「行動」こそ、あなたが変えるべき行動**なのです。

あなたが発言に苦手意識を持っているとしたら、その理由は何でしょうか？　新人時代の上司に「怒鳴られて発言しなくなった」としたら、「能力がないから」ではなく、偶然性による条件付け、つまり、過去の経験によってプログラムされているのが理由です。

だからこそ、今度は「偶然」ではなく、**自ら新しい経験を作り、戦略的・効果的に、自分を変えてほしい**のです。

行動と気持ちの関係は、「条件付けされた生体反応はコントロールできない」し、「行動して初めて、自分の意志が決まる」のでしたね。

行動の後に生まれる感情「快」「不快」を、行動より先に変えることはできません。

どちらにも言えることは、**気持ちではなく行動から変えないと、自分は変えられない**、ということです。

「まずはやってみる」というポジティブな姿勢を持つ人は、過去に「いろいろやってみたら成功した」という経験をしているものです。なかなか行動できない人は、「言われたことをやってみて成功した経験が少ない」ことが原因かもしれないのです。**あくまで経験の問題で、生来の能力ではない**のです。

発言に苦手意識があって、今まで「発言しない」という選択をしていたとしたら、「発言する」という選択に変えて、新しい経験を作りましょう。

ただし、**「反応」である苦手意識はコントロールできません**から、変える必要はありません。苦手意識を持ったまま、コントロールできる「行動」を変えてください。

変化の法則　コントロールできない「反応」ではなく、コントロールできる「行動」を変える

具体的には、「反応」である苦手意識を「シグナル」として活用しましょう。**「苦手意識」は、あなたが「行動を起こすときだ」と教えてくれている**のです。その**シグナルを受け取ったら、「何をするのか」「何を言うのか」、という行動にフォーカス**してください。

人間の脳には、同時に2つのことは考えられないという特性があります。行動に注意を向けると、苦手意識は持てなくなるものなのです。

変化の法則　「反応」はシグナルとして活用し、同時に「行動」にフォーカスする

とはいえ、今まで苦手だった行動には、気持ちが邪魔して取り組めないものです。当然、いきなり上手にはできません。大事なのは、「これならやっても良い」と思える行動を選ぶこと、そして「できる」と思えるところまでハードルを下げることです。この「小さな成功体験＝快」を積み重ねることが、遠回りのようでいて、変化への近道なのです。

そして、「成功体験」を積むためにも、戦略的に、「良いフィードバック＝快を得られる環境」を整えましょう。いきなり上司の前で発言するのは高すぎる目標かもしれないので、まずは、同期や仲の良い先輩の前で試してみて、段階的に自分を変えていきましょう。

変化の法則　小さな成功体験を積み重ねることが、変化への最短ルート

「快」行動は繰り返し、「不快」行動は繰り返さない、と言いました。これは言い換えれば、**「つらいと思っている行動では変われないが、満足感のあることをすれば変われる」**ということです。ところが、人の「快」ポイントは様々です。他人が選ぶ「快」ではなく、自分

が「満足感を得られる」＝「快」行動を選ばなければ、変われません。

価値観が多様化する新時代には、絶対に欠かせない「法則」です。

そこで必要になるのは、**「自分の人生の目的は何か」、つまり、変わることで、自分にはどんなベネフィット（恩恵）があるのか、幸せになれるのか、を明確にすること**です。何となく変わりたい、というだけでは「快」を感じられず、変わることが難しいのです。

例えば職場で、「イラついたら怒鳴る人」が怒鳴らない人に変われたら、「評価が上がる」「部下に好かれる」、そんなメリットがあるかもしれません。

しかし、昇進することや部下に好かれることで、本当に人生は良くなるのでしょうか？あなたは満たされるのでしょうか？　ここが不明瞭だと「快」を得にくくなります。

メリットの先の、「だからどうなるのか」「どんな満足感があるのか」、例えば、昇進して給料を上げて家族を幸せにしたい、または、部下の成長に喜びを感じたい、人の役に立って満足感を得たい、など、他人軸ではなく「自分軸のベネフィット」を明確にすること。それが、多様化した価値観の新時代であっても「快」を重ねる満足度の高い日々を送る鍵となるのです。

変化の法則　変化によって得られるベネフィット（人生の目的）を明確にする

とはいえ、どのようにして、人生の目的を明確にすればよいのでしょうか？

私はよくコーチングの現場で、「自分の人生は、戦略的に変えてください」と言います。幸せになりたい、と思うだけでは変われません。また、著名人の伝記などを読んで「考えが変わった！」と思うだけでは、何も変わりません。

「考え」が変わった結果、「行動」を変えるから、「自分」も「人生」も変えられるのです。

そこで**必要となるのが、「言葉にすること」**です。

私はコミュニケーションが専門ですが、対人関係では「言わなければ伝わらない」「相手に思考は見えない」ということを、重ねてお伝えしています。

これは、自分自身にも言えることで、自分の脳にも、ぼんやりした思考を明確な「言葉」にして伝えないと、処理してくれません。

おいしいものを食べたときに「おいしい！　幸せ！」と言葉にすることは、非常に大切です。そうすることで、脳は「おいしいものを食べると幸せを感じる」と理解します。

「あなたの人生の目的は何ですか？」
「何をしていると充実感を得ますか？」
「どういったときが幸せですか？」

こういった質問をされて、皆さんは即答できますか？
自分の経験に対して、「幸せだ」「充実している」「満足だ」といった感覚を脳にインプットしていないと、脳は反応できません。**「意思（ぼんやり頭に浮かんでいる思考）」は、言葉にすることで初めて「意志（行動に移そうという明確な思考）」になる**のです。「自分の充実感や満足感を言葉にする」作業は、自分の「快」をより明確にします。そして、どんな混迷の時代にあっても、「自分の幸せ」を感じられる人生を送る助けとなるでしょう。

変化の法則　「言葉」にすることで、脳に「自分の幸せ」をインプットする

第2章

なぜ変われないかを解き明かす

変わるための「CHECK」&「POINT」

1章では、行動分析学から「私たちはどういう仕組みで行動するのか」を解き明かし、「気持ちを変えるのではなく、まずは行動から変えることが重要だ」と説明しました。

しかし、それだけでは、具体的にどう行動を起こしていけばいいかがわからないでしょう。すると、「変わりたいのに変われない」というジレンマから、なかなか抜け出すことができません。

そこで、この章では、どうやって自分を変えるための「適切な行動」を見つければいいのかを解説していきます。

変われる方程式＝ＧＲＯＷモデル

「意志を強くしたい」
「コミュニケーション力を高めたい」
「すぐ怒るクセを直したい」

など、どのように変わりたいかの課題は人によって違います。

しかし、あなたがどんな課題を抱えているとしても、このステップを踏めば変わっていけるという方程式があります。それが、コーチングに使われる「ＧＲＯＷモデル」という手法で、学問の世界では「課題分析」と言われるものです。

Ｇ（ゴール）＝目的設定
↓
Ｒ（リアリティ）＝現状分析
↓
Ｏ（オプション）＝手段の選択
↓
Ｗ（ウィル）＝意志を持つ

という４つのステップを踏んで、変わっていきます。

この中の「ＷＩＬＬ＝ウィル（意志）」の部分を、私は「ＷＯＲＫ」と置き換えています。

というのも、いくら強い「意志」を持っていても、行動しないと結果的に何も変わらないからです。

WORKは一般的には「仕事」と訳されますが、語源に「目的を持って努力して行う」、つまり「意志を持って行う」という意味があります。そこで、阪田式のGROWモデルの「W」は、「W（ワーク）＝意志を持って行動する」と定義しました。

具体的には

G＝目的設定＝「自分はどうなりたいか」を設定する

↓

R＝現状分析＝「自分は今、こんな状態だ」と分析する

↓

O＝手段の選択＝「目的を達成するのに必要な行動」を選択する

↓

W＝意志を持って行動＝実際に行動する、継続する

という4ステップで変わっていきます。

この方程式を使うと、不安や怒りといった感情に振り回されずに、自分のことを客観的に分析し、具体的な行動につなげていくことができるでしょう。

それでは個々の説明と、そこから引き出される変化のために欠かせない「CHECK」項目、意識したい「POINT」について説明していきます。

G（目的設定）「自分はどうなりたいか」を設定する

目的を設定するというと、「そんなの当たり前」と思う人も多いでしょう。しかし、目的を誤って設定している人が多いものです。というのも、今までの時代は、「成功パターン」がありました。ですから、「立派な人の話」「世間体が良い」という安易な理由だけで、自分がしたいことなのかはよく考えず、「他人軸」で目的を設定してしまうのです。

しかし、これからの不確定な新時代、「これが正しい」は存在しません。だからこそ、今後は、「自分はどうしたいのか」、確固たる「自分軸」での目的が必要不可欠となります。

まずは、「自分自身が目指す目的は何なのか」を知ることから始めましょう。


CHECK!

自分の進む方向性「目的」がわかっていますか？

まず、「山に登る」という目的を決めたとします。その場合、「どの山に登る」「あの山の頂上を目指す」ということがわかっていれば、まずはその方向に足を踏み出すことができますが、目指す山が定まっていなければどうでしょう。とりあえず、登っていく方向に進んでみようと歩き出すことになります。

それでは、霧の中を歩むようなものです。先が見えない不安から、「この道は間違っているのでは」とネガティブ思考になったり、途中つらくなって「もうダメだ」と諦めてしまうことになります。

しかも、行きついた先の景色もわかっていないので、登頂したときの充実感をイメージできません。山登りがただつらいだけの苦行になってしまうのです。

そんな苦しい登山では、登頂に成功しない、つまり「変われない」という結果になるのは目に見えているでしょう。

山登りに必要なのは、まず登る山を決めることです。そのためには、**自分は何を成し遂げたいのか、どういったことを感じたいのか、登頂のイメージである「目的」を明確**にしなければなりません。

例えば、「達成感」を得たいなら「できるだけ高く険しい山を登る」、友人と楽しい時間を過ごす「満足感」を得たいなら「自然を愛でながらゆっくり登る」、という具体性が見えてきます。それによって、ようやく自分に合った山が、エベレストなのか、高尾山なのかがわかります。つまり、目指すべき明確な「頂上＝目標」が決まるのです。

目標が決まれば、達成するための手段が決まります。山によっては、どんな装備（＝準備）をするのか、誰と達成するのか、そして、トレーニングが必要なのかも見えてきます。

さらには、登頂を目指して、どのルートを選ぶのか決まります。そうすれば、頂上がわかっているので、自分が今どのあたりまで来ているか、後どれくらい頑張ればよいか、ということが見えるため、継続のエネルギーが湧いてきます。また、途中で橋が落ちているといったアクシデントが起こっても、「この林道で迂回できる」とか、「高山植物より野鳥を楽しもう」というように、新しい具体的な行動を発見することができるのです。

つまり、目標がはっきりすればするほど、「変化の成功率」が上がるというわけです。

・ダイエットを例にとると……

「ダイエットしたい」「やせたい」というのは、多くの方にとって切実な目的の1つでしょう。しかし、**単に「やせたい」という漠然とした目的で始めたダイエットは、つらさに打ち勝つことができず、結局、挫折してしまう**ことになります。これは、**目的が不明瞭なのと、目的を手段と混同していることが原因**です。

例えば、太りすぎが原因で、「3か月以内に血糖値を30落とさないと命の危険がある」と言われたら、明確な目的「生きること」が見えてきます。そして、手段が「体重を落とす（ダイエット）」ことであり、おのずと「期間」「目標数値」「食事療法」が設定できます。そうすると、体重がダウンするたびに、健康を取り戻している自分が実感できるので、積極的に取り組めます。

また、結婚式で「幸せできれいな自分を見てもらいたい」という目的があれば、手段が「スリムになってドレスを美しく着こなす」ということで、おのずと「期間」「目標体重」「エステ」が見えてきます。

数字がダウンするたびに、「幸せになる」という目的に近づく自分に、充実感を得ることができるでしょう。

こうしたことからわかるように、**何を成し遂げたいからダイエットをするのか、目的を達成したときの明確なイメージを持てること、そして、ダイエットはあくまで手段であることが必要**なのです。

・片付けられる人になりたいのなら……

「片付けが苦手だから、できるようになりたい」という願望もよく聞くものです。しかし、「なぜ、片付けができるようになりたいのか」、そこが重要です。

というのも、片付けというのは際限なくできてしまうので、「片付け」自体が目的になると、できないことばかり目について、結局、「自分には無理」となってしまうのです。

よく耳にするのが「片付けができない人は怠慢」「片付けができる人が優れている」といった一般論から生じる、誤った自己否定感です。

しかし、そんな感情で自分を鞭打っても、「片付けができる人になりたい」という曖昧な目的が達成されることはないでしょう。

考えるべきは、「片付けができるようになると、何が達成できるのか」ということです。例えば、仕事の効率が上がる、子どものケガを軽減できる、家族の関係性が良くなる――など。その**目的達成のための手段として、どこまで、どう片付けるかを考える**のです。

ときに、きれいに整理整頓しているのに、仕事の効率が上がらないから、「もっと整理しなければ」と、片付けばかりに力を入れている人を見かけます。でも、それでは本末転倒なのです。

・目的設定が間違っている

またダイエットの例に戻りますが、そもそも、本来の目的を達成するためには、ダイエットが必要なかったというケースもあります。

これは、ダイエットに挫折した、ある男性のお話です。

彼がダイエットに挑戦したのは、好意を寄せている女性がいるものの、自分の容姿に自信がなかったためだったそうです。しかし、体重が減っても、自分の魅力が増したという確信が持てず、結局、女性との距離は縮まりませんでした。

ところが、ちょっとしたきっかけから、その女性と「共通の趣味」があることがわかったのです。そこで、その趣味に関する知識を努力して増やしたところ、話しかける自信が生まれ、それが縁でお付き合いに発展したと言います。

この男性が「やせよう」と思ったのは、「やせるとモテる」といった一般論を自分に当てはめ、そうすれば自信が持てるようになるという思い込みがあったからです。つまり、本来の目的は「好きな人と付き合う」ことだったのに、「やせること」という誤った目的設定をしてしまったケースです。

しかし一方で、女性との距離を縮めるために立てた「趣味の知識を増やす」という明確な目的のほうはうまくいったわけです。

・プレイヤーとリーダーの目的は違う

目的設定が間違っているためにうまくいかないケースは、ビジネスシーンでもよく見かけます。仕事において「業績を上げる」ことは、誰もが目指すところですが、プレイヤーなのかリーダーなのか、立場によって目指す目的は大きく異なります。

プレイヤーは、業績を上げるために「自らの能力を発揮すること」が、そして、リーダーは、「部下を成長させ、チームをけん引すること」が目的です。いわば、プレイヤーは生徒で、リーダーは先生の関係です。

ところが、リーダーになってもプレイヤー気質のままだと、例えば、生徒に出した問題を自分が一番に解いて、「クラスが駄目なのは、生徒に能力がないからだ」と嘆く先生と同じで、部下もチームも育成できません。

目的設定が誤っているので当然の結果です。

優秀なプレイヤーが、必ずしも優秀なリーダーにならないというのは、このように目的を誤ることによって生じることが多く、コーチングでもよくあるケースです。

・さて、あなたの場合は？

ここまで読んできて、「理屈はわかった、でも、自分の場合はどうだろう……」と、まだ戸惑う人も多いのではないでしょうか。

あなたもまだ自分の「目的」を明確には定められないでいるかもしれません。今まで「自分が本当にしたいことは何か」「自分の本当の目的は何か」と、掘り下げて考えたことがない人にとって、急に具体的な目的を設定するというのは、なかなか難しいものなのです。

では、どうすればいいのでしょうか？

その方法を1つご紹介しましょう。

目的を持つというと、「一人でも多くの人を救うために新薬を開発する」とか、「貧困をなくすために事業を興す」といった、メディアで目にするような高尚な目的を思い浮かべる人もいらっしゃるかもしれません。しかし、それを基準にしてしまうと、「自分は何を成し遂げたいのだろうか？」と迷うことでしょう。そんな大それた目的なんてない、自分はダメなんじゃないだろうか……、そんな自己否定に走ることもあります。

でも、そんなふうに自分を責める必要はありません。北野唯我氏の著書、『転職の思考法』によると、実は、このような明確な「何をする」を持っている人は「ｔｏ　ｄｏ」タイプと呼ばれ、１％程度しかいないと言われています。では、大多数の人はどういうタイプかというと、「こんな状態の自分が好き」といった「ｂｅｉｎｇ」タイプなのです。例えば、「人と一緒に何かをしている自分が好き」「誰かに感謝される自分でありたい」などです。大切なのは、自分はどちらのタイプであるかを明確にすることです。それだけでも、「自分の目的」を探しやすくなります。

POINT!

自分は「ｔｏ　ｄｏ」タイプか「ｂｅｉｎｇ」タイプか見極める

Ｒ（現状分析）うまくいかない障害を知る

「目的ははっきりしているのに、変われない」「何をすればいいかわかっているのに、行動に移せない」という人は、何かが障害になっています。

ここでは、3つの視点から現状を分析し、何があなたの変化をブロックしているのかを突き止めましょう。

CHECK!

今置かれている環境や状況が見えていますか?

最初にチェックするのは、体調です。

体調が悪いときに変わろうと思っても変われません。そんなことは当たり前だと思うかもしれませんが、意外にも人は睡眠不足が続いたり、疲労が溜まっていたりすることに無頓着です。また、メンタル面にも注意が必要で、落ち込んでいるときに無理は禁物です。女性であれば、ホルモンバランスの影響を大きく受ける場合もあるでしょう。

まずは、自分の体調が良好かどうかをチェックしましょう。そして、不調がある場合は、体調を戻すことから始めてください。

次に、環境のチェックです。環境が整っていないと、本人がいくら頑張っても継続できないし、結果が出ません。

ダイエットでたとえてみましょう。ダイエットを決意したのに、家にお菓子や食べ物がたくさんあるという状態では、食欲を抑えるのにも限界があります。

入院したり、お寺で修業するとやせられるのは、「食べるものが管理されている」という環境のおかげです。つまり、環境を整えれば、本人の努力や根性とは関係なく、目的を達成しやすくなります。

「仕事のスピードを上げたい」「上司との関係を良くしたい」という場合も同様です。

仕事のスピードを上げたいけれど、できないという場合は、まず、仕事の量が多すぎないか、現在の環境をチェックすることが必要です。産休や離職などでそもそもマンパワー不足なら、人的配置を見直さなくては改善できません。不必要に悩まないことです。

また、上司と良い関係を結びたくても、上司がパワハラ気味な環境なら、自分が頑張ったり我慢したりしても、なかなか改善は望めません。この場合、あなたに根性がないわけではないのです。

こうした自分の努力でどうにもできない、不可抗力な「環境」が問題のケースでは、まずは「相談する」こと、つまり、コミュニケーションの量を増やすことが大事です。自分一人で抱え込んだり、何とかしようとしたりしないこと。まず、先輩でも同僚でも良いので、相談できる人を探してください。

それでも改善しない、メンタルや体調に悪影響を及ぼすケースは、もちろん、努力や忍耐ではどうにもなりません。しかるべき機関に相談するのが正解でしょう。

怖いのは、こうした体調や環境が障害になっているケースで、変われない自分を卑下したり、能力がないと思い込んだりして、変わることを放棄してしまうことです。

自分には能力がない、根性がないと思っている人は、まずは、体調や環境を見直してみてください。

POINT!

「体調や環境」といった不可抗力の部分に注目する

CHECK!

変わるための正しい方法を知っていますか？

「体調や環境は整えた、それでも変われない」という場合は、次に「正しい方法」を知っているかどうかをチェックします。**すでに行動しているのに変われないという場合に多いのが、「正しい方法を知らなかった」ということ**です。それは、「知れば変われる」ということでもあります。

先日、こんなことがありました。あるオフィスで打ち合わせをしていたとき、コピーを頼まれたアルバイトの方が、歪んでとれてしまったコピーを持ってきたのです。それを見た上司は、「もっとお客さんのことを考えて仕事しないとダメじゃないか」と注意しました。

しかし、そのアルバイトの方にホスピタリティがなかったわけではないと思います。なぜなら「次はまっすぐとってきて」と指示されると、大変きれいにコピーしてきたからです。つまり、「まっすぐにコピーすることがホスピタリティだ」という知識がなかっただけなのです。

このように「知らないでやっていたこと」を「正しい方法を知って行動に移す」だけで、あっという間に自分を変えることができます。その場合、気持ちを変える必要はありません。このアルバイトの方も気持ちを変えたわけではなく、ただ行動を変えただけです。しかし、それによって、周囲からは「気遣いができる人」と、評価が変わったのです。

自分を変えようとするときに大事なのは、「こんなことは知っている」「常識だよね」という考えで行動しないことです。自分がすでに知っていることは、あくまで今まで経験してきた中での基準値にすぎないのです。

どんなに素晴らしい哲学者であっても、数学の問題は苦手かもしれません。それと同じで、行動しているのに変われないという場合は、「自分には能力がないからだ」と諦めず、「正しい知識やスキルを知らないからではないか」と考えてみてください。

自分が思いつく方法というのは、「自己流」になりがちです。ですから、変わろうと思ったときに必要なのは、プロや専門家に「正しい方法」を聞くことです。そして、「これが正しい」という「型」がある場合は、それを習得することです。野球で言えば、どんな偉大なバッターも最初は素振りの練習から始めたように、**まずは基本の型を習得することが必**

要ですし、それが目的に達する最短ルートでもあるのです。

というのも、単なるスキル不足なのに「能力がない」と諦めて、途中で放棄してしまうことがあるからです。正しい方法を知っても、ある程度はトレーニングが必要です。経験値の問題は、知識不足だけでなく、スキル不足の可能性も探ってみてください。

そして、取り組む姿勢として大事なのは、「素直で、謙虚で」あること。素直とは、「行動を変える」こと。謙虚とは、「できないことを前提に、まずは試してみる」ことです。

仕事では先輩や上司に何かを尋ねることがあるでしょう。その場合、「こんなことも知らないのか」と言われるかもしれません。しかし重要なのは、そこで不快な気持ちが生まれても、「だったら、やらない」などと感情的に否定しないことです。知ればできるし、練習したら、あなたのほうが上達するかもしれません。**正しい知識を得たら、それを素直に、謙虚に受け止めて行動していく人が、最も早く変わっていける人**なのです。

POINT!

自己流ではなく、正しい方法・手段を実行する

CHECK!

「性格」が行動を制限していませんか？

「性格的に無理」を変われない理由にしている人は、結構多いものです。しかし、私たちが「自分の性格」だと思い込んでいるものとは何でしょう？

それは、「自分の経験してきたことから作られた基準値」です。

誤解のないように言うと、もちろん生まれ持った気質はあります。しかし「昔は引っ込み思案だったのに、今は普通に喋れる」という方は、生来の気質に経験値が加わったことで「性格が変わった」という一例です。社交的に見える人たちの中にも、実は人見知りだった、という人は案外多いのです。

1章のレスポンデント・オペラント行動でも触れましたが、私たちは、ある行動をしたときに褒められたり、成功した経験を「良い行動」としてインプットし、反対に、叱責されたり、失敗した経験を「悪い行動」として学習します。

だからこそ人間は成長していくのですが、一方で、成功や失敗した経験から作られた基準値を自分の性格だと思い込んでしまうこともあるのです。

あるとき、非常にしっかりしていて優秀なのに、人間関係がうまくいかないと悩んでいる人がいました。その原因を探ってみると、本人は自分の強みを「どんな相手にも物おじせず言える性格」だと認識していたのですが、それが周囲の人からは「言葉がきつい」「融通が利かない」と評価されていることがわかりました。

しかし、本人が強みだと思っていることは、「新入社員のときに、上司にはっきりものを言って成果を上げてきたから、それ以来、どんな立場の人にも同じようにものを言う」という、過去の成功体験によって作られた「思い込み」による性格だったのです。

さらに、親に「嘘をつくな」と教えられ、「はっきりものを言う」ことを良しとして育ってきたという経緯がありました。確かに、「嘘をつくな」というのは正しい教えですが、常に「自分が正しいと思うことが、その場にふさわしい」かどうかは別問題です。あなたの「正しい」が、状況によってはマイナスに働くこともあるのです。

このように、**自分が「正しい行動」だとか、「性格」だと思っていることが、実は過去の経験から来る「思い込み」だということはよくあります。**それに気づかないでいると、なかなか良い方向に変われません。

また、自分の「経験値」から「私はこれが苦手だ」と思い込み、それが、あることに取り組まない理由になっていることがあります。たまたま過去にネガティブな経験をしたというだけなのですが、それを自分の「特性」と捉えてしまったケースです。

特に多いのが、プレゼンやスピーチについての苦手意識でしょう。子どものときに、先生に「良くできたね」と褒められた人は、人前で話すことに抵抗を感じませんが、ダメ出しされた人は苦手意識を持ってしまいます。

実は、こうした「人前で話す」といった能力は「社会的スキル」なので、性格や才能とは関係ありません。要は、うまくやるための「型」を知っているかどうか、それを練習して、スキルとして身につけているかどうか、です。

芸能人やアナウンサーなど、プロとして素晴らしいスピーチを披露する人の中にも、実は、普段の会話は苦手という人も多いのです。そうした人は、まずはスピーチトレーニングを行い、しっかり原稿を用意してリハーサルを行い、入念に準備をして仕事に臨んでいます。

ですから、「苦手だ」と思うことと、実際に「行動」することは別ものです。**苦手意識があったとしても、基本の「型」を知り、それにのっとって「トレーニング」して「スキルアッ**

プ」を繰り返せば克服できるということです。

また、仲間内でなら話はできるけれど、異業種交流会のような、知らない人の中に入って話をするのが苦手という人も多いものです。

こうしたケースも、かつてどこかで苦手意識が作られる経験をした可能性があります。こういった場合も、まずはコミュニケーションの「型」を習得し、それを使って「成功体験」を積むことで改善していきます。

それは、今まで「話す」→「苦手」という回路しかなかったところに、行動によって「話す」→「成功する」という新たな回路を作るということでもあります。そして、引っ込み思案だという「性格」の人も「50人にあいさつ」すれば、もうすでに社交的な人になります。もちろん、それが何につながるかはまた別の話です。「自分を変える」ことが次のステップに導いてくれるのです。

POINT!

「行動」を変えれば「性格」は変わる

CHECK!

「自分のネガティブ感情に気づいていますか？」

「苦手より何より、感情がコントロールできないために、いつも同じ失敗を繰り返している」という人も多いのではないでしょうか？

例えば、イラッとしたら反射的に怒鳴ってしまう、特定の状況になると緊張で頭が真っ白になってしまう……などなど。そのために、変わろうとしているのに、人間関係はこじれるばかり、プレゼンすれば評価が下がるなど、失敗続きで落ち込んでしまいます。

これまで苦手意識といったものは、小さな成功体験「快」を重ねて「新しい経験」を作る＝自分でコントロールできる「行動」で変えていく、とお伝えしてきましたが、実は感情も、トレーニングでコントロールできるようになります。ただし、怒りを「抑える」「我慢する」トレーニングではありません。なぜならば、怒りや恐怖といった感情は、人間の脳の仕組み上コントロールすることが非常に難しいことがわかっているからです。

では、どうするのかというと、感情は「変える」のではなく、次の行動に移るためのシグナル、あくまで「気づく」ために使うのです。

右脳で感じたら、左脳を使って論理的に考える。そうすることで、右脳のネガティブな感情が爆発することを防ぐというわけです。

ここで必要なのは、「自分のネガティブ感情は、どんなときに起こるか」を知っておくことです。

それがわかれば、その状況にならないよう事前に察知し、避けるための予防策をとればすむわけです。もしくは、その状況になったら「どう行動するか」「どういった思考に切り替えるか」を事前に準備しておけば、ネガティブな感情に流されないですみます。

例えば、いつも提出物の期限を守らない部下がいて、常にイライラするという場合、その部下に対してだけ、期限を1週間以上前に設定し、進捗を報告するというルールを課します。すると、「直前に、期限に遅れることがわかって怒る」という状況を避けられるでしょう。

さらに言えば、その部下がいつも遅れる原因を探り、解決することも予防策になります。

例えば、①本人のスキル不足　②現状の問題（仕事の抱えすぎ）　③体調不良といった観点から探ってみると、解決策が見つかるかもしれません。

また、**「突然キレてしまう」という場合は、その根底に「恐怖心」があると**言われています。つまり、「そうなったら困る」という思いです。

子育て中のお母さんによくあるのが、子どもがぐずって保育園に遅れそうになると、イラッとしてキレそうになることでしょう。そこには「遅刻する。どうしよう」という恐怖心があるのです。

そんなとき、「保育園に『遅刻』の連絡を入れる」という行動をとれば、恐怖心を解決できるでしょう。もっと言えば、子どもがぐずるというのは予定調和と考え、出発時間を10分早めておく、事前に準備をしておく、「目的は、自分の思い通りのスケジュールで進めることではなく、保育園に連れて行くこと」と目的を思い出す、といった予防策をいくつも用意しておくことです。

案外効き目があるのが、「遅刻しても、地球が滅亡するわけではない」といった、自分を落ち着かせる「おまじないの言葉」です。これも事前に準備しておくといいでしょう。

このように、**ネガティブな感情を抑えるのではなく、キレそうになる自分を予防すること**で、良い方向に変わっていくことができます。

重要なのは、「イラッ」「ムカッ」「ドキッ」という感情が芽生えたら、それをシグナルと受け止めて、次に、どういう予防的行動をとるべきかを思い出し、行動に移すことです。感情は、「変える」のではなく、次の行動に移るためのシグナル、あくまで「気づく」ために使ってください。それを繰り返していけば、徐々に自分の感情をコントロールできるようになり（専門用語ではこれをEQ＝心の知能指数と言います）、怒鳴る、頭が真っ白になるといった行動をだんだん減らしていくことができるでしょう。

POINT!

感情をシグナルにして、予防策を実行する

O（手段の選択）目的を達成するのに必要な行動を「選択」する

CHECK!

何をするのか、具体的にわかっていますか？

ここまで「目的設定」と「現状分析」を見てきました。それはできているけれど変われない、という場合は、自分が使っている「言葉」に注目してみましょう。実は、多くの人が、曖昧な言葉を使うことで、意思疎通がうまくいっていない可能性があるのです。

皆さんはよく「向上心」「積極的」「努力」「根性」といった言葉を耳にすると思います。このような「正しく、素晴らしい言葉」は、行動指針として使われ、気持ちを鼓舞するのに活用されます。ところが、実際に実践するのは難しく、気持ちのすれ違いが起こる原因になりがちです。なぜなら、どんな行動をすることが「向上心」なのか、何をどれくらい行動すれば「努力」になるのか、具体的な内容が曖昧です。お互いが勝手に想像する「向上心」「努力」の行動を選択してしまい、ズレが生じるからです。

では、何が必要なのか。

それは**「具体的に何をするか」を「言語化」する**ことです。

もし、「向上心を持って行動しよう」などと思っているのであれば、自分の目的に照らし合わせて、「1日に20件、外回りの営業をする」とか、「1日に100件、営業の電話をかける」というふうに、具体的な行動を決める必要があります。

ある上司は、部下がいつも長電話しているので、「怠けていて向上心がない」と評価していました。ところがよく話を聞いてみると、「クライアントには丁寧に接することが向上心だ」と解釈して、長電話になっていたことが判明しました。

この例は、やる気があっても、「向上心」という曖昧な言葉を使っているために、それが長電話となり、結果、上司の評価を得られなかったことを示しています。この場合、「クライアントへは1日、1回、5分の電話を入れる」など、「具体的な行動」「回数」「時間」といったことを明確にする必要があったのです。

もし、こういった「良い言葉」を使う場合は、「数値を入れる」「具体的な行動を伝える」、特に「〜をしない」ではなく、「〜をする」という表現で伝えることを心がけましょう。

POINT!

どのような行動をするのか、具体的に「言語化」する

CHECK!

行動の基準は、自分に合ったものですか？

目標を達成するには、スモールステップを設定することが重要です。なぜなら、そうすることによって成功体験を積み重ねることができ、自信やモチベーションにつながるからです。しかし、そこで設定した行動が、自分にとって適切な基準でないと、うまく変わることができません。

つまり、行動の基準が高すぎるとなかなかクリアできないため、失敗のほうが多くて、「できた感」を得られません。一方で、基準が低すぎると簡単にクリアできてしまうため、同じく「できた感」を得られません。いずれにしても、人というのは、せっかく取り組んでも「できた感」(＝快)が得られないと、継続していくのが難しいものなのです。

つまり、**スモールステップの基準は、自分にとって少し難しいところに設定するのがベストなのです**。しかし、自己流でやっていると、今の基準が自分にとって適切かどうか気づけないし、そもそも「設定が間違っているかもしれない」こと自体に思い至らないものです。ですから、前述したように、プロに教わったり、「型」を踏襲したりすることが大事になります。

頑張って行動しているのに変われない、継続できないという人は、まずは、「スモールステップの基準が自分に合っているかどうか」を検証してみてください。

ここで、簡単なチェック方法を紹介しておきましょう。以下は、自分をどのように自己評価しているかによって、基準値の設定を間違うことが多いケースです。あなたの場合はどうでしょうか。

①自分に厳しい

↓「これくらいできなければいけない」と過度に思い込み、設定をむやみに高くする。

↓つらい思いをして頑張っても、「自分にはまだまだ修行が足りない」と必要以上に自分に厳しいため、変化したことに気づけない。

②自分を過大評価している

↓「これくらいできるに違いない」と自分を過信し、基礎部分を飛ばして設定を高くする。

↓基礎部分ができていないので、いつまでたっても変われない。

③プライドが高い

↓「できなくても傷つかない」よう、故意に設定を高くする。
↓せっかくの能力を、プライドのせいで開花させないままに終わり、変化できない。

④自分を過小評価している

↓設定が少し高いだけで、「自分には無理」と途中で諦める。
↓練習不足でスキルが身につかず、能力はあるのに変われない。
※このタイプの人は、基準値を低く設定することもある。すると、できても充実感を得られず、継続できない。

また、どのタイプであっても、「やりたくない自分」への言い訳として、わざと間違った設定をすることがあります。例えば、設定を無駄に高くして、「ほら、どうせできない、だからやらない」と言ったり、設定を無駄に低くして、「こんなのつまらない、自分に向いていない」と言い訳したりするのです。こうした場合に多いのは、設定した目的が、実は自分の達成したい目的ではない、ということです。自分軸ではなく、他人軸や世間体で目的を設定してしまうと、こうしたことが起こります。

いずれにしても、スモールステップの基準が自分に合っているかどうかを検証し、合っていない場合は「なぜなのか」を掘り下げる必要があります。

最終的に、**適切な基準でスモールステップを設定し、それを踏んでいけるようになれば、「やればできる」という自己効力感やモチベーションのアップにつながり、良い変化をもたらす**でしょう。

加えて、設定を見直すことによって、「自分はもう十分にできていたんだ」とか、「簡単すぎることをやっていたんだ」ということがわかり、「自分にはすごい才能があった」と気づくことがあります。その気づきは、新たな行動に移る大きな原動力になるでしょう。

POINT!

先入観や思い込みによる「誤った基準」を知って、設定を変える

W（意志を持って行動）一歩を踏み出し、継続して行動する

変化するのに、ただ1つの行動を変えるだけで、瞬時に劇的に変わるケースもありますが、継続することで目的が達成できることも、多いものです。

せっかく、適切な行動を起こすところまで到達したのに、そこから「継続できない」「挫折する」「モチベーションが続かない」、だから変われない、という経験はないでしょうか。

ここでは、その原因を探ってみましょう。

CHECK!

自分の「嬉しい！」「楽しい！」「幸せ！」を知っていますか？

1章の法則でもお話ししましたが、変わるためには、自分にとって「快」となる「メリット」や「インセンティブ」が大事です。

しかし、自分にとってどういったことがメリットなのか、インセンティブなのか、知らなければ続けられません。継続のカギは、自分の「好き」ポイント、つまり、どういった

ことに充実感や満足感を得るのかを知っているかどうかです。

例えば、ビジネスコーチングでもよくあるケースなのですが、どんなに素晴らしい昇進プログラムを提案しても、会社からの指示で仕方なく受講した人は、効果が出にくいものです。

つまり、「自分がこうなりたい」という学習目的がないので、講座を受けたところで達成感がなく、「快」が得られないうえ、学習が「仕事の邪魔」になってつらいとさえ思ってしまいます。

しかし、「これを勉強したい」という目的を持って受講する人は、「自分をどう変えたいのか」が明確なので、例えば、変わったことによって「業績が上がった」というメリットや、「もっと変わりたい！」というインセンティブが得られて、非常に効果が高いのです。

自分を変えることがつらい、継続できないと思ったら、今の報酬が自分に合っているかどうかを見直してみましょう。「快」が感じられていない可能性があります。基本的に、充実感や満足感を持って行える方法なら、自分を変えていけるのです。「よくわからない」

という場合は、まずは人生の目的「ベネフィット」を考えてみるといいでしょう。

POINT!

自分にとっての「快」が得られる方法で行動する

ここまで、人間が行動する「仕組み」と「法則」を説明してきました。**「自分を変えるなら、気持ちより行動が先」**ということを、納得していただけたのではないでしょうか。

そして、自分軸の目的設定や、自分だけの幸せ基準の大切さも、重ねて説明してきました。

はじめにでもお伝えした通り、価値基準の変遷が激しく、混とんとした時代では、「仕事」「人生」「生活」といったことを一体化して考える必要があります。仕事がうまくいっていても、家庭が安定していないと幸福感を得られないし、逆に、仕事はイマイチでも、充実したプライベートが送れていれば、幸福感が持続します。この「良い状態を保つ」ことを「ウェルビーイング」と表現しますが、誰かと比較した優越感や、仕事で成功する征服感が、必ずしも、幸せではない時代になったといえます。

だからこそ、あなたの幸せを阻んでいる、「わかっているけれど変われない」ハードルを、「小さな成功体験」で越えていきましょう。続く3章には、「自分を変える」ヒントとなる行動例を掲載していますので、参考にしてください。

新時代を迎えるにあたりどんな人にも欠かせない、ウェルビーイングに生かせる実用本「行動分析学3・0」として構成した本書が、皆さんの人生を大きく人生を変えることを願っています。

第3章

「変化の法則」を活用すれば、どんな悩みも解決できる

すぐ使えるシーン別Q＆A

Q コミュニケーション下手な自分を変えたい

A 本当にコミュニケーション下手かどうか検証を

①まずは「聞き上手」から

コミュニケーション能力についての悩み相談はとても多いのですが、実は、自分はコミュニケーション下手だと思い込んでいるだけだったり、そもそもコミュニケーションとは何かを捉え違えていたりすることがよくあります。

コミュニケーションは、話し手と聞き手の共同作業です。話すのが苦手という人は、つい話すほうにフォーカスしがちですが、会話は話し手だけでは成立せず、聞き手の存在が不可欠です。コミュニケーションが苦手で話しベタな人は、実は話し手からすると、貴重な「聞いてくれる人」。つまり、**「聞き上手」を目指せば、コミュニケーション力がアップするのです。**「何を話すか」ではなく、「何を話してもらうか」といった質問フレーズや、相槌を打つといった共感行動を身につけましょう。

②人と接する経験値を増やす

コミュニケーションに苦手意識を持っている人は、芸人さんやタレントさんレベルの話し上手を目指していることがよくあります。しかし、**話す能力というのはスポーツと同じで、野球でたとえるならば、いきなり3割打者にはなれません。**まずは素振りから練習して、少しずつスキルを身につけていくものです。

どんな人も、**経験がなければ話すスキルは上がらないし、スキルがなければ、苦手意識を持つもの**です。経験不足で、慣れていないために「話すのが苦手」と感じているのなら、まずは、自分から人と接する機会を作って、経験を増やすことが、ファーストステップです。

その際、最初はうまく話せなくてかまいません。先ほど述べたように「聞き上手」を目指し、だんだんに話す練習をしていきましょう。

よくコミュニケーションには「雑談力」が必要だと言われますが、コミュニケーションが苦手な人にお勧めしたいのは、「その日に会う人が興味を持っていることは何か」を事前に調べておくことです。仕事関係の人であれば、「相手に有用な情報」を伝えることが

「雑談」になります。そこを勘違いして「自分が話せること」を選択してしまうと、相手の関心や共感を得られず、自己満足な雑談で終わってしまいます。

③最初に自己開示をする

初対面の人と接することや初めての集まりに参加するのが苦手だという場合は、最初に自己開示することをお勧めします。例えば、「このような場は慣れていないのですが……」とか、「めちゃくちゃ緊張しています」などと言っておくと、気持ちがラクになります。

残念ながら、人は初対面では相手の内面や才能までは見えないので、ずっと黙ったままでいると不機嫌に見えて、「私に興味がないのかな?」と、相手に無用な不信感を与えかねません。そこで、先にコミュニケーション下手だと開示したうえで、トツトツとでもいいので自分の専門性や誠意を見せると、かえって好印象を持たれることがあります。

中には、**コミュニケーションが苦手ということを理解してくれない人もいますが、大切なのは、そういう人を無理に追わないこと**です。喋りやすい人と会話して、自分がどう行動すれば、相手がどのように反応するか（楽しそうになるのか、そうではないのか）といった経験をたくさん積むことが、次の良い行動につながっていくでしょう。

または、「コミュニケーションが苦手な人」同士で喋るのも1つの手段です。同じ悩みがあれば共感しやすく、それが共通の話題となります。いずれにしても、「コミュニケーションは経験値」と知ることが大事です。

④信頼関係の構築を目指す

コミュニケーションに苦手意識を持っている人が見逃しがちなのが、信頼関係の構築です。話しやすい相手もいれば、そうでもない人もいるはずです。それはずばり、信頼関係があるから話しやすいし、話が通じるのです。つまり、**コミュニケーションに必要なのは、上手に話すスキルだけではない**、ということです。

例えば、「コピー10部とってきて」という言葉。信頼関係があれば、「忙しそうだから助けてあげよう」と、前向きに受け取ってもらえますが、初対面の人や、信頼関係のない人には、ともするとハラスメントと捉えられてしまいます。また、信頼関係がない人に一生懸命説明すると、むしろ「圧」を与えてしまい、より話が通じなくなることもあります。

なぜか話がうまく通じない人がいて、話すことに苦手意識を持っている方は、**まずは、共感スキルを使って、信頼関係を構築するところから始めてみましょう。**

Q やりたいことが見つからない

A やりたいことを見つけるためには、まず動くこと

①何でもいいから取り組んでみる

頭の中で考えているだけでは、やりたいことは見つかりません。そもそも、知識があることや経験したこと以外を思いつくはずがありません。そこで、1つの考え方として、クランボルツの計画的偶発性理論を実践することをお勧めします。これは、「キャリアの8割は予想しない偶発的なことによって決定される」という理論です。

やりたいことではなくても、たまたま取り組んだことが人生のターニングポイントになることが非常に多い、なので、とりあえずやってみることで、「やりたいことかどうか」を見極めてみよう、ということです。

ところが、多くの人が、**経験したことがないものは、「やりたいことではない」という判断をしがち**だからです。それは、人間が本能的に、未知の世界に対してリスクを感じる

ものなので当然のことです。それでも未知の世界に飛び込める「勇気のある」人はいるものです。もちろん生まれ持った素養もあるでしょう。しかし、多くは、偶然置かれた環境で、「リスクがあってもやってみたら良いことが起こった」という経験を持っているものです。「勇気がある」ように見えるのは、経験あってのことなのです。

しかし、人間の本能に逆らうことは容易ではありません。そこでご提案したいのが、例えば、成功した人のやり方を真似る、知人と一緒に何かを始める、声をかけてもらったことは「ご縁」だと思ってまずは取り組んでみる、といった「マイルール」を持つことで、「とりあえずやってみる」方法です。もしかしたら、**世間的な評価が低いところに、自分のやりたいことが存在するかも**しれません。知識として知っているだけでは、やりたいことかどうかはわかりません。「快」が得られるか確認するためにも「とりあえず」行動してみましょう。もちろん、倫理的な範囲は守ることが鉄則です。

②「やりたいこと=仕事」という思い込みを捨てる

「やりたいこと」というと仕事を想定する人が多いのですが、その思考回路のために、やりたいことが見つからないこともよくあります。そんな皆さんにお勧めしたいのが、「ライフホイール（車輪）」。自分の人生にとって重要なテーマ、自分が満たされるジャンルのキーワードを4～8つ選び、それぞれに目的を設定して実行し「快」を得て、バランスよく人生を満たしていく方法です。仕事のほかに代表的なものは、家族・健康・人間関係・お金・住居・趣味・愛情（恋人・ペット）・社会貢献・学習などがあります。

リスク分散でもありますが、どれか1つのジャンルがうまくいかなくても、ほかで「やりたいこと」が充実していれば、バランスよく充実感を得られます。

また、行動しているうちに、あるジャンルに強い「快」や充実感を得て、そこに、自分にとって生涯大切にしたい「人生の目的」を見つけられるかもしれません。

大事なのは、仕事に限らず、自分の生活全般を見渡して、「どういった状態の自分が好きか」「自分は何に充実感を得るか」という目的設定です。なぜなら、「目的」が定まれば、具体的な「目標」が見つかり、それを実現するための「手段」が見えてくるからです。

登山で言えば、なぜ山に登るのかという目的が「達成感を得ること」に定まれば、目標である「どの山に登るか」が決まり、山が決まって初めて達成に必要な手段「装備」「服装」「登山ルート」が決まってきます。

例えば、社会に貢献したい、人の役に立ちたいといった目的（＝使命感）を持っているのであれば、それを実現するための目標として、「人の病気を治す」といった具体的な頂上が見えてきて、それを実現させる手段として、医師や研究者、医薬品会社で働くといった手段＝仕事が決まってきます。

また、「やりたいこと」はお金にならず、むしろお金がかかるものである場合も多いです。ならば、やりたいことを実現するための手段＝「資金調達のために働く」と考えると、つまらないと思っていた仕事が重要な位置づけに変わるでしょう。

Q 今の仕事を好きになれない

A 「稼げること」が「適職」の可能性も

今の仕事が合わないと思って転職ばかり繰り返す人がいる一方、転職しようか迷いつつ、ウジウジ悩み続けている人もたくさんいます。どちらの場合も、次の2点について自分を振り返ってみてください。

①好きでなくても、稼げるならよしとする

まあまあ仕事はできているのに、「これが天職かどうかわからない」「本当に好きかどうかわからない」という理由で、「合う仕事」を求めて転職する人が非常に増えています。これは、就職活動の指針として「好きを仕事にしよう」という教育を受けた影響が大きいと言えるでしょう。しかし、そうそう自分に合う仕事など見つからないというのが現実です。仕事では、「できること・稼げること」が重要です。他人にとって大変なことが、「苦もな

く、なぜかできてしまう」のであれば、間違いなく、そのジャンルが、「得意」なのであり、しかも尊敬や信頼を得られます。**「好きかどうかわからないし、むしろ苦手だけど稼げる」のであれば、それは「好きだけど稼げない」より「適職」**なのです。

ところが、「好きじゃない」というバイアスがかかると、「快」を得にくく、自分の能力に気づけないものです。自分の「できること」を、今一度振り返ってみましょう。

もちろん、ほかにも「適職」があるかもしれないし、「好きなこと」が見つかるかもしれません。ならば、まずはリカレント教育やリスキリングで試してみましょう。通信講座などを活用すれば、仕事をしながらでも取り組めます。とにかく「つまらない」から転職するのは早計だとお考えください。自分の強みがわからないまま転職すると、なかなか良い結果は得にくいものなのです。

もし、好きなことや生きがいがあるなら、仕事以外でも生かせます。趣味として始めて、育てていけば「仕事」として起業もできるでしょう。**まずは、「好きなことが仕事でなければならない」という呪縛から解放されること**です。

②スキルが身についているかどうかを考える

特に、専門職の人は、「今の仕事が合わないいんじゃないか」という不安がある場合は、まずは「自分のキャリアと言えるほど、スキルが身についているか」を振り返ってみることです。**仕事が合っていないのではなく、まだスキルが身についていないから「仕事がつまらない」というケースも多々あります。**転職を繰り返して、いまだに「合う仕事」に出会えていない人も、今一度、確認してみましょう。

また、スキルの習得度や目標は、人によって満足度が異なります。他人軸の目標は、自分に合わないために「つまらない」と感じることになります。自分軸で物事を考えることを忘れないでください。何事も不確実な新時代には、なくてはならない視点です。

Q 自己主張できる人になりたい

A 原因は何であれ、「主張の型」を実践する

「自己主張できない」というのも、コーチングでよくある相談です。「自分の意見を言う」というのは社会的スキルの一種であり、仕事では報連相（報告・連絡・相談）の一環でもあります。それができない理由としては、①今まで主張した経験が少なく、どうやったらいいかわからない、②相手やその場の空気を付度しすぎる、③「主張＝大声を出すこと」などの誤解がある、といったことが挙げられます。いずれの場合も、まずは、あれこれ考えずに「主張の型」を身につけることです。

①の方法は最後にお伝えするとして、まず②は、「こんなことを言ったら悪いのでは……」という、相手の気持ちを汲み取りすぎて、主張を放棄してしまうパターンです。このような方に必要なのは、**気持ちを切り替えようとするのではなく、後ろ向きな気持ちのまま、「主張の型」を実行することです**。前向きな気持ちになろう、気持ちを変えよう、

と思うと挫折してしまうので、気持ちにフォーカスしないようにしてください。

③は、自分の主張が通らないのは、声が小さいから、などと思い込んでいるケースです。原因は声ではなく、伝え方にあるかもしれません。主張の型を実践することで、大きな声でなくても意見が通ることを経験してください。

最後に、①の経験が足りない方へのお勧めは、とにかく「私は」から始める方法です。すると自然に、「～しようと思います」「～をご提案したいと思います」「～してほしいと思っています」とつながります。その次に「なぜならば～」と続け、再度、「だから、～と思います」と締める。この順番で話すことが「主張の型」で、万人に受け入れてもらいやすい言い方です。

主張できない人は、いざそのときになると、「これでいいのかな」と躊躇するために、言葉を飲み込んでしまうのです。その状態を予防するのが、**「型」を知っておくこと、そして、「言う」と決めておくこと**です。もちろん、最初は「私は」と言うだけでも抵抗があるでしょう。**経験のないことは、どんなに簡単なフレーズでも抵抗を覚えるのは当然です。スキルアップの王道は、何度も経験してトレーニングを積むこと**なのです。

それでも主張が強すぎると感じて取り組みにくい場合は、「私は～と思いますが、あなたはどうですか？」と相手に確認するフレーズを加えると、言いやすいでしょう。

また、相手に何かを依頼することが苦手な場合は、最初に「忙しいところ申し訳ないけれど」と、枕言葉（クッションの言葉）から始める。また、最後に感謝の言葉を添えると決めておきましょう。ポイントは、型の中から自分が言いやすいフレーズを選ぶことです。

口に出しやすくなるだけでなく、相手が受けとめやすくなります。自分も相手も大切にする、これが伝達コミュニケーションの基本です。

Q ダイエットを成功させるにはどうしたらいい？

A 何のために、何キロ減らすかを明確に

ダイエットを決意しても、すぐに挫折してしまう……という方は多いでしょうが、落ち込む必要はありません。なぜなら、生存本能との闘いは、そう簡単ではないからです。

そんな中、成功者に理由を聞くと、「健康上の必要に迫られて」というパターンが多く見受けられました。例えば、定期健診で血糖値が高いことを指摘されたりすると、「病気にならないために」「いつまでに何キロ減らす」という目的がはっきりするので、それがモチベーションになりダイエットがうまくいくのです。

ですから、**ダイエットが続かないという人は、まず目的を見直してみましょう。**「やせているほうがモテる」「お洒落な人はみんなやせている」といった〝細身神話〟に影響されてやせたいと思っているだけでは、目的としてはかなり曖昧です。

例えば、結婚式や何かの発表といったセレモニーの日が決まっているなら、おのずと

「何日まで」に「何キロ」という目標設定ができるでしょう。すると、1週間で0・5キロといった具体的な計画を立てられるので、達成感を得やすくなります。

達成感というのは、行動心理学で言う「快（報酬）」ですから、それが「続けよう」というモチベーションになります。実際に、ダイエットに「快」を見出せた人は継続できています。それは、毎日の目標をクリアするという達成感だけでなく、ダイエットのために始めた運動が上達して充実感がある、一緒にダイエットを始めた友達と励まし合うのが楽しい、コーチに褒められるのが嬉しいなど、ダイエットと直接関係がないことでもかまいません。**何でもいいので自分自身が「快」を得られることがあれば、それがその人にとってのダイエットを継続するモチベーションとなる**のです。

実際の食事制限で気をつけたいのは、できるだけ「食欲」という本能と闘わないことです。例えば、食料を買いだめしないというルールを作れば、ちょっと食べたいなと思ったとしても、買いに行くのが面倒だからやめておこうとなって、自然に食欲を抑えられる機会が増えるでしょう。

また、**「食べてはダメ」という禁止項目を増やすより、「食べてよいものをリストアップする」という肯定的な思考に切り替える**と、我慢するというつらさが軽減されます。

Q 先延ばしにしてしまう自分を変えたい

A 「目の前のことからやる」と決めておく

仕事にギリギリまで手をつけないとか、「○○の勉強を始めよう」などと思っても一向に始められないとか、先延ばしの内容は人それぞれです。しかし、先延ばしというのは多くの人の悩みであり、改善するための方法が昔からいろいろ提案されています。

心理学者のニール・フィオーレによると、「先延ばしは、鍛えれば治るものではない。タスクや決断に関する『不安に対処するため』の心理メカニズムだから」。つまり、**「すぐ取り組まないと」と自分の気持ちを鼓舞することには意味がなく、「何が不安で取り組まないのか」という不安の原因を解明する必要がある**のです。それによって、具体的な改善方法を設定できれば、不要な自己否定からも脱却できるでしょう。

先延ばししてしまう不安の原因は、「完璧にできそうにない」「苦手意識を持っている」など、人によって異なります。また、そもそも「自分にはそれをする必要はない」と思い込んでいる場合もあります。避けてしまう理由は不安だけではないので、それらを解明することで、その人に合った改善方法を見つけましょう。残念ながら万人に効果的な「これ」という方法はないのですが、ここでは代表的な方法をいくつかご紹介します。

①優先順位は気にせず、目の前のことからやる

先延ばしを改善する方法でよく言われているのが、「優先順位をつける」というものです。しかし、優先順位を決めること自体に脳が負荷を感じると、それすら先延ばししてしまいます。それよりは、古典的な方法ですが、**「とりあえず、やれるものからやる」というのが最適な方法**と言えるでしょう。そして、「何でもいいので、目の前にあることから片付けていく」と、「事前に決めておく」ことも、脳の負担を減らすうえでは大切です。何か1つは片付くと「できた感」が得られて、ほかの事案も進めやすくなるでしょう。どの順位で進めると最高のパフォーマンスが得られるかは、「神のみぞ知る」のです。

②「ギリギリになったらやる」でよしとする

「追い込まれないとやらない」という人の多くは、「追い込まれたほうが、パフォーマン

スが上がる」という過去の経験値から、同じことを繰り返します。もしくは、時間に余裕を持って取り組んだのにうまくいかなかった経験から、ギリギリまでやらない、という選択をしている人もいます。

人には向き・不向きがあり、「追い込まれたほうが、うまくいくタイプ」であれば、無理に変える必要はないでしょう。実は心理学では「締め切り効果」といって、他のことを考える余裕がなくなるとドーパミンが分泌し、集中力が高まることがわかっています。「締め切り前に余裕を持って仕上げる人＝仕事ができる人」というイメージがあるため、先延ばしする自分はダメだとネガティブに捉えがちですが、それは不要な思い込みです。むしろ、「追い込まれたら、いい案が出る」タイプ、つまり、「集中力が高いのが強み」と解釈し、より高いパフォーマンスを目指してください。おすすめは、目標達成した時の報酬を決めておき、「想像したらドーパミンが出る」ようにすることです。

③単に「スキルがない」ということも

職場では先延ばしする部下を、「仕事ができない」「要領が悪い」などと評価しがちです。しかし、「スキルが伴っていない」「やり方を知らなくて、間違った方法でやっている」ことがよくあります。これは、部下の問題ではなく、きちんと指導できていない上司の問題です（同じことが仕事だけでなく、子育てや夫婦間の役割に関しても言えます）。

また、「誰が、どんなに教えてもダメ」という状況もありますが、これは「向いていない人を採用してしまった」会社の問題で、本人にとっては、環境的不可抗力、どうしようもありません。このような場合は、しかるべき部署に相談し、組織が本人に適した仕事・量を与えるなど、誰か一人が抱え込むことがないようにする必要があります。この難しい問題は、多くの企業に存在しています。

Q 何事も続かず挫折してしまう自分を変えたい

A 習慣化できない理由を明確にして、改善する

運動、早起き、料理、読書といったことを毎日やろうと決心しても、いつも継続できない、すぐに挫折してしまうという人が多いのではないでしょうか。

習慣化の基本は、主に①簡単なルールにする、②時間を決める、③1週間、1か月と単位を区切って振り返り、充実感を得る、ことです。しかし、単調で基本的な動作ほど誰でもできそうで、実はすぐ飽きてしまい、習慣化するのが難しいものです。その場合は、自分の「やる気」に頼らず、前述の3つの基本に加え、自分にとっての快（＝報酬）を設定することが必要です。（→詳しくは、ダイエットや英語の項を参照）

そうしたことを前提に、まずは習慣化できない理由を知って、改善していくことから始めましょう。

①**明確な目的設定をする**

人は「誰かに言われて同じことを繰り返す」というのは、なかなか続けられません。なぜなら、行動の原理として、**人は「自分のためになること」であれば自発的に取り組むし、そうでなければ取り組まない**ものだからです。だからこそ、**「習慣化することで、自分にどういったメリットやベネフィットがもたらされるのか」という目的を明確にすることが非常に重要**なのです。

例えば、早起きしたいのであれば、早起きの健康上の効用などを調べ、自分にとって有用であるとしっかり腑に落とすことが必要です。

②**自分に合った目標を設定する**

目標が高すぎると、できないことでモチベーションが下がり、目標が低すぎると、成長を感じられずにモチベーションが下がります。特に、複雑な手段にすると脳が疲弊して、継続することが難しくなります。

例えば、健康のために料理をしようと決めたのであれば、毎日レシピを考え、買い物をし……と手順がたくさんあると、脳が疲れてしまって拒否反応を起こします。最初のうちは、毎日メニューを決めておく、手軽に手に入る食材を使うなど、シンプルな仕組みにしておくことや、自分にとってちょうどいいレベルのレシピを選ぶなど、**負荷をかけない仕組みにすることが大事**です。また、料理上手な人と比べないようにしましょう。

③短期的な成果を求めない

「毎日1時間ジョギングしよう」と決めても、運動習慣のない人は10分走ることも厳しいはずです。そのとき「みんな走っているから」と、「自分もできて当たり前」と思い込まないことです。当たり前と思っていることがなかなかできないと、「自分はダメだ」と嫌になってしまいます。オリンピックに出るようなマラソン選手でさえ、地道な練習をたくさん積んだはずです。ですから、すぐに成果を求めず、**決めたことが当たり前にできるようになるには、地道な反復行動＝トレーニングが必要**だと思い出すことです。

④インセンティブ（報酬）に頼る

決めたことであっても、単調なトレーニングの繰り返しは継続するのが難しいものです。そのときは、**自分一人の力でやり遂げようとしない**こと。つまり、単調なトレーニングに喜びを見出せないようなら、もっと**別のところにインセンティブ（報酬）を見つけると良い**でしょう。例えば、運動を習慣化するとしたら、気の合う仲間と一緒に運動する、好きなコーチを見つける、途中のカフェで一服するなど、運動以外のところで自分にとってのインセンティブを見つけましょう。

⑤良い習慣をつける前に、悪い習慣をやめる

良い習慣を阻害する悪い習慣があると、それが抜けない限り、良い習慣は定着しません。

例えば「早起き」にしても、深夜番組を見る、深酒をするといった習慣があれば、実践するのは難しいものです。まずは、悪い習慣をなくすことを考え、早起き習慣が身につく環境を整えましょう。例えば、深夜番組なら録画してリアルタイムに見ない、お酒なら時間を決めて飲む、などです。

Q 自分の感情をコントロールできるようになりたい

A 感情そのものを扱わずに、発言や行動で対処する

ネガティブな感情、例えば、怒りや恐れ、焦りや悲しみといった気持ちをコントロールできなくて、自分は我慢が足りない、ダメな人間だ、と思っていませんか？　63ページでも言いましたが「人間の脳の仕組み」として感情をコントロールするのは、そもそも難しいものです。人間は、通常、論理的に考える左脳と、感情を司る右脳をバランスよく使っていますが、危険が迫ったときには、生存機能が働いて右脳支配になり、左脳は完全にオフになります。「どちらに行こうか？」と考えずに、まず逃げますね。つまり、感情が爆発したときは、論理的に考えられないようにできているのです。

そこで重要になるのは、ネガティブな感情の扱い方です。イライラやムカムカを抑える必要はありません。抑えようとすればするほど、爆発力が強くなるだけです。ネガティブな感情が湧いたら、それを「行動に移すシグナル」として扱ってください。行動にフォー

カスできれば、人は同時に2つのことを考えられないので、感情の爆発を防げます。行動することでネガティブ感情の持続を防ぐこと、それが感情コントロールを助けます。

できない主な理由は、皆さんの感情と行動が、今までの経験値で紐づけられていること が多いからです。例えば子どもの頃、何か失敗したときに、親が感情を爆発させて、一方的に怒鳴られたという経験があると、感情と行動が紐づけられ、成長したのち同じように、感情を爆発させて相手を黙らせるようになり、それを「快」として繰り返します。たとえ本人が、良くないことだと「知識」としては気づいていても、そもそも経験値として「具体的な望ましい行動」も、「望ましいことをした結果の快」も知らないので、やはり、同じことを繰り返してしまうのです。

一方、失敗したときに、親がじっくり話を聞いてくれたという人は、自分が成長したときに同じような行動をとります。この場合、ネガティブな感情が起こらないわけではなく、起こったときに「聞く」行動をとることが、最終的に「快」につながると、経験によって紐づけられているのです。

つまり、ネガティブな感情は、変えよう、抑えようとするのではなく、まずは気づくこと。そしてその後に紐づけられる「行動」を変えて、新しい「快」を経験すること。ここか

ら始めてみてください。（具体的には次の①〜③を実行してみてください）

①ネガティブ感情に気づいたら、感情が起こった原因を探り、望ましい行動に変える

感情というものは、何か出来事があって、その結果、生まれます。そこで、ネガティブ感情が生まれたら、それに気づき、原因を解明し、対処法を考えることで、その感情を論理的なコミュニケーションに変えることができます。

例えば、上司に自分の提案を否定されたことで、怒りが湧いたとしましょう。まずは怒っている自分に気づき、自分はなぜ怒っているのかを分析します。分析している間は論理的思考の左脳を使うので、怒りを司る右脳は働きをやめて、いったん冷静になることができます。

そして、「自分と上司では仕事のやり方が違うのかもしれない」「上司は忙しくてタイミングが悪かったのかもしれない」と原因を探れば、具体的なやり方を聞く、改めてアポをとるなど、より良いコミュニケーションに変えることができます。

②マインドフルネスの手法で自分を受容する

①の方法がとれればいいですが、トレーニングでの習得が必要です。実際は、怒りの感情が湧くとそれに引きずられてしまい、感情と向き合っているうちに増幅し、さらに怒りや不安を招いてしまうこともあるでしょう。すると我慢できなくなって、怒鳴る、自分の気持ちをぶつけるといった発散行動をとりがちです。

そこで大切なのが、「もし怒りが湧いたら、その感情とどのように対峙すればいいか」を事前に準備しておくことです。ここでは、その方法の1つ、マインドフルネスをベースにした手法を挙げましょう。それは、A自分を受け入れて、B肯定的に捉える、です。

A怒りに気づいたら、まず受け入れる→「また怒っている、僕は（私は）、なぜか人より怒りっぽいんだよね」

B肯定的に捉える→「でも、正義感もあるし、時間を守るし、いいところもあるんだよね」

といった具合です。6秒あると怒りを抑えられると言われていますが、これくらいの思考で6秒くらい使うので、平常心を取り戻すことができるでしょう。

③平常心に戻ったら、適切な言葉をアウトプットする。

次に重要なのは、平常心に戻った後、実際にアウトプットする言葉を準備しておくことです。例えば、相手の失敗に対して「何やってるんだ！」「だから、お前は！」と怒鳴ってしまう人は、「そうか、この後はどうやっていく？」「今までの経緯を教えてくれる？」といった言葉を用意しておきます。先ほどの上司に提案を否定された例であれば、「わかりました。再度、提案するので見てください」「具体的に良くないところを教えていただけますか？」といった言葉がいいでしょう。

①～③のような準備をしておき、ネガティブ感情が起こったときに、的確なアウトプット行動がとれるようになれば、きっと「感情コントロール」に、役立つでしょう。

Q 恋愛に対する苦手意識をなくしたい

A 小さな成功体験を積み重ねていく

苦手意識をなくそうと思っても、その意識は気持ちや意思ではなくせません。行動分析学では、意識は過去の経験から確立した回路だと考えるので、それを解消するには「良い結果になる経験」を重ねることが必要です。ですから、**苦手意識をなくそうとするのではなく、「苦手意識とうまく付き合いながら行動していく」ことが必要**です。

そもそも恋愛が苦手な人は、「好きになるから、恋人になる」と思っているようです。これも行動分析学の観点で見ると、「好きになるためには、ある行動に対して、良い結果を得る」ことが必要です。つまり、ある日突然好きになるわけではなく、「会う」「話す」といったアクションをし、それによって、良い結果を得ることが積み重なって好きになっていくのです。そのためには、以下の6項目を試してみましょう。

①日ごろの環境を変える

恋愛に苦手意識がある人は、それ以前に、異性に対して慣れていないことが多いものです。例えば、同性の友人とばかりいる人は、その集団が心地良いあまり、異性を後回しにしがちです。同じく、仕事やその関係ばかり大切にしすぎると、同じことが起こります。

この場合は、紹介してもらったり、出会いの場に行ったり、最近はいろいろなアプリもあるので、まずは異性と「出会う」「知り合う」ことから始めます。そして、最初は友人としてでもいいので、異性と過ごす時間を増やして慣れることが大事です。

②次につながる出会いを作る

出会ったとしても、話が弾まなかったりすると「良い結果」が得られないので、次も会おうというインセンティブ（報酬）が得られません。そこでお勧めするのが、「自分の共感ポイント」を理解したうえで、そういう場に出向くことです。

例えば、猫が好きなら「猫カフェ」に行ってみること。先日も、ずっと結婚相談所に所属したり、出会い系アプリを使ったりしても結婚できなかった人が、「たまたま犬の散歩で出会った人と結婚した」というケースがありました。恋愛も結婚も意識していなかったけれど、共感できる「犬の話をすること」から始まったと言います。

共感ポイントが一緒なら自然に話が弾むので、それがいい結果を得ることとなり、お互いに「次も会おう」という気持ちになるものです。

また、「何となく合わない」と感じても、そこで完全に関係性を断ってしまうと、チャンスを逃すことがあります。お互い友人を紹介し合えば、出会う機会も増えます。「友人関係に出会いがあるかも」という期待をインセンティブにすることも、1つの手段です。

③目的を再確認する

「友達に恋人ができて羨ましい。だから自分も」といった動機では、「恋人を作ること」が目的になります。すると、「自分だけが満足する恋愛」を求めたり、やたらスペックにこだわったりし、相手の人間性が後回しになってしまうことがあります。そうなると、付き合うことになっても、自分の要求が主体のコミュニケーションになりがちです。たとえきっかけが自分本位であったとしても、お付き合いが始まったら、「お互いが幸せになる」ことを目的にしたコミュニケーションをとることが関係性を継続させるカギになります。

④「自分の常識」を疑ってみる

自分にとっては普通であっても、例えば、ＬＩＮＥやメールの返信が、遅すぎたり早すぎたり、頻度の基準が異なることで、関係に亀裂が入ることがあります。**人には各々の常識があるので、「自分はこうしている」と開示し、相手の言動が気になったら擦り合わせていく必要があります。**

それを「面倒」とか、「相手に合わせるのが嫌だ」と感じて、自分の心地良さばかり優先すると、恋愛関係に発展するのは難しいし、そもそも恋愛感情だけで、お付き合いは継続しません。今まで全く違う人生だったので、いろいろな行動基準が異なり、違和感があるはずです。「自分の常識」も大切にしながら、相手の良いところは取り入れ、改善してほしい点は相談するなど、良い関係を継続するコミュニケーションを欠かさないことです。

⑤自己肯定感を高める

自己肯定感が低すぎると、せっかくのチャンスを「私には無理」と思ってふいにしたり、嫌われたくないと思うあまり、自分の意見を言わず、相手に合わせすぎて関係構築ができなかったりします。また、自己肯定感が低い人は、利己的＝「自分を引っ張ってくれる」

ように見えて、いわゆるモラハラな人を選ぶ傾向にあります。その結果、負の連鎖でますます自己肯定感が低くなってしまうのです。

自己肯定感を改善するには、まず、自分に対する誤った基準値を正常に戻すこと。今までと異なるカテゴリーの人と会って自分を客観視しましょう。また、自己肯定感を上げるためにも、自分ができたことに対して「できた！」と言葉にして脳に認識させましょう。

⑥自分の感情を伝える

自分の感情を口に出すのが苦手な人には、「察してほしい」という気持ちがあり、自分から「こうしてほしい」と伝えないため、うまくいかないことがあります。**ぜひ「気持ちは見えない」ことを思い出してください。**メールででも、とにかく伝えることです。ポイントは、「何をしてもらって嬉しかったのか」具体的な行動を、感謝とともに伝えること。相手は感謝されて「快」を得るだけでなく、「何を繰り返せば良いか」を理解します。「快」を繰り返す仕組みを活用して、良い関係を築きましょう。

Q 何でも一人で抱え込んでしまう性格を変えたい

A 「お願い」の型や「お断り」の型を実践する

◆自分の感情に気づいて、最終目的を思い出す

一人で抱え込んでいる人の多くに、助けを求めようと思いつかない(助けを求めた経験がない)、お願いのしかたがわからない(コミュニケーションの型を知らない)、自分のキャパを超えていることに気づかない(自分の状況を客観視できない)といった原因があります。

まずは、「自分一人では解決できない状況にあること」、それなのに、「誰かのために何らかのアクションを起こすこと＝行動」より、「自分で何とかしたい、という自分の気持ちを優先していること＝感情」に気づきましょう。

抱え込んでしまう人に最も必要とされる行動は「相談する」ことです。ところが、今まで相談したり助けを求めたりした経験がないと、「相談」するコミュニケーションの型を知りません。**先天的な能力ではなく、経験の問題であることが多いの**です。

かつて自分で解決できたという成功体験があると、人に相談することを思いつかないため、自己解決にこだわります。

また過去に、相談したら迷惑がられた経験があったり、人一倍共感力が強くて繊細な人は、「相手に迷惑かも……」と深読みすることで、人に助けを求められなくなってしまいます。しかし、多くの場合、お願いしないことで、もっとひどい迷惑をかけ、自己肯定感を下げることに。結果、「相談」にネガティブな感情が条件づけされ、ますます一人で抱え込むことになるのです。

いずれの場合も、**自分の感情や行動に気づいたら、まずは、相談することを思い出しましょう。**誰に相談すべきか決まったら、「依頼のフレーズ」を使ってください。そこで躊躇してしまうなら、相談しないことで引き起こされる「最悪の事態」を思い出すことで、まずは行動に移しましょう。

◆**依頼のフレーズ**

「お忙しいところすみません、お時間5分ほどよろしいでしょうか？」

↓5分なら相手に迷惑がかからないでしょう。自分自身が相談しやすくなる設定が大切です。

「ご相談したいことがあるのですが……」「アドバイスをいただきたいことがあるのですが……」

↓いきなり「悩んでいる」「何とかしてほしい」とは、言いにくいでしょう。「アドバイス」であれば、相手が言いやすく、自分も受け入れやすいので、効果的です。

重要なのは、一気に解決しようと思わないことです。まずは「相談する」「困っている状況を伝える」ところから始めましょう。

◆**共感的お断りのフレーズ**

抱え込む人は、断れない人でもあります。日ごろから「共感力を利用したお断りのフレーズ」を用意しておき、「断りにくい」と思ったときに、すぐに使えるようにしておきましょう。基本型は「相手のために断る」のだと示すこと。相手が受け取りやすく自分も言いやすくなります。

「ご依頼ありがとうございます。でも、その仕事は、私ではパフォーマンスが悪くなって、ご迷惑をおかけしそうです、申し訳ありませんが、ほかの方にお願いします」

↓相手に迷惑をかけないためだ、と思うと言いやすい。

「私に声をかけてくださって恐縮です。ぜひお受けしたいのですが、実はこの件は、〇〇さんのほうが、私よりスキルが高いのです。案件を完璧にするためにも、私から〇〇さんにお願いしてみますが、いかがでしょうか?」

↓相手のパフォーマンスをより高めるお手伝いができる、と思うと言いやすい。

「お誘いすごく嬉しいです。ぜひご一緒したいのですが、残念ながら〇〇を受けてしまっていて調整がつかないので、申し訳ありません。次回はぜひご一緒させてください」

↓断る理由は自己都合ではない、と思うと言いやすい。

◆日ごろから、自分の状況を報告する

一人で抱え込む人は、普段から「自分だけで抱え込まないで」「相談してね」などと声をかけられているものです。しかし、わかっているけれど、相談するタイミングがわからな

い、だから相談しないということも多いのです。

そういう人は、常日頃から、「自分はこんなことに取り組んでいる」「今こんな状況です」と公言する（もしくは報告する）ことをお勧めします。すると、周囲が折に触れて「あれ、進んでいる？」とか「何か困っていることない？」などと声をかけてくれるようになるので、一人で抱え込んでしまうのを防ぐことにつながります。

Q 冷えきったパートナーとの関係を変えたい

A コミュニケーションの方法を見直す

◆関係修復が不可能な場合もある

まずは、関係修復が可能な状態であるかどうかを確認することが必要です。**感情的な問題はもちろん、不倫やDVなど、当事者同士ではどうにもならないこともあります。**その場合は、弁護士などのプロに相談してください。その結果、「離婚」がベストであれば、明確な目標に向けて具体的な行動に移れるでしょう。**ネガティブな感情を変える基本は、原因を見つけて改善すること。**「婚姻」が原因ならば、解消することです。ただ、感情は、物理的な距離を置くと解消されることもあるので、可能ならいったん距離を置きましょう。

いずれにせよ、少しでも不幸な時間を減らすことをお勧めします。自分の感情にしがみついているより、自分にとって明るい未来に向かう手段もある、ということです。

◆コミュニケーションのしかたを見直す

関係修復が望める人に、ぜひお勧めしたいのが、コミュニケーションの見直しです。相手の話を聞かずに自己主張する、「それは、あなたが○○するから」と相手のせいにする、「何も手伝ってくれない人」と思い込みで話す……、このような言動を日常的にしていませんか？

パートナーだから何を言ってもいいわけではないし、言わなくても理解してくれるわけではありません。**関係性は日々の行動の積み重ねで構築されるもの**です。自分のコミュニケーションのしかたを変えることで、関係性は良くも悪くもなるのです。

①してほしいことをポジティブに伝える

冷えきった関係の人は、言ってほしくないことを相手が言ったときに、「どうしてそんなこと言うの？」「何でしてくれないの？」というように、理由を問い詰めるような「感情的なフレーズ＝ネガティブなフレーズ」を使っている可能性があります。**なぜと聞かれてそれに答える内容は、言い訳にしか聞こえないため、状況を悪化させるフレーズ**なのです。

実践してほしいのは、「それって傷つくから、こういうふうに言ってほしい」のように、

してほしいと思う言い回しや行動を、具体的に提案することです。そして、改善してくれたら、「そう言ってくれると嬉しい」「やってくれてありがとう」というように、自分の気持ちや感謝を伝えます。相手に快感情を与えて、良い関係を構築しましょう。

相手も、何を言ってほしいか、何を言ってほしくないかを理解していない場合が多いものです。自分がこうしてほしいと思うことを、相手が「理解しているはず」「察するべき」といった先入観を持たないことが大事です。

②相手のいい点をリスペクトする

関係が悪いのに、リスペクトなんてできない、と思うかもしれません。重要なのは、「気持ち」ではなく「言い方」を変えることです。**相手に良い行動があったら、「その行動はいいと思う」と、行動ベースで評価**しましょう。言われたほうは「リスペクトしてくれた＝快」と解釈します。その結果、「快」を求めて相手が「良い行動」を再現して、はじめてあなたの気持ちも変わるのです。

同じように、「優しい」「冷たい」といった感情ベースの表現は、解釈や基準が異なる場合が多いので、うまく伝わりません。例えば、悩んだときに「快」を感じる行動が、「話を聞いてもらう」の人もいれば、「一人になる」の人もいます。話を聞いてもらいたいのに放置されたら、「冷たい」と感じることでしょう。だからこそ、**具体的にどうしてほしいのか伝える、行動してくれたら感謝することが、非常に重要**です。

良い関係を構築するために提案するというその行動が、相手に対するリスペクトでもあります。お互いの気持ちは行動の結果、変わるのです。

③きちんと話し合う場を作る

自分は関係修復をしたくても、相手にその気がなければ、どんなに自分が頑張っても改善しません。それでも話し合いたいなら、**まず「話し合いたいことがある」と場の設定をして、話し合いの土俵に乗ってもらう**ことです。何かのついでに話す状態では、相手も話し合いの真剣さを感じられません。

このときに重要なのは、自分の不満をぶつけずに、冷えきってしまったことについて相手の話をきちんと聞くこと。もし、言うチャンスがあれば、「あのとき、こんなことを言ったけれど、実はこうしてほしかったんだ」と、そのときの自分の気持ちを正直に、客観的に伝えるといいでしょう。

そして、**この場で問題を解決しようとしない**こと。解決しようとすると「どうして」「なぜ」という話になりがちです。平行線のままでいいから、相手の気持ちを知ることに努め、「そうだったんだね」という事実確認に徹します。

また、**「あのときは楽しかった」といったポジティブな内容も話すことが大事**です。そうすると、相手も、そのときの感覚が脳内によみがえるでしょう。だからといってすぐに関係性は改善しませんが、そこで「やり直したい」と具体的に伝え、相手にも「関係修復の土俵」に乗ってもらうことが重要なのです。

人間の心理として、**どんなに正しいこと・自分にとって良いことを言われても、気持ちの準備が整っていないと受け入れられないものです。**関係が悪化していたらなおさらです。それなのに突然「やり直したい」と言われても、相手は不意打ちされたことに動揺して感情的に反発したり、論理的に考えずに表面的な返答をしたりしてしまいます。そんな状況を回避するためにも、話し合いの場を作り、そこで「まだ、やり直せる」「やり直したい」という気持ちを確かめ合うこと。それが、関係修復への第一歩です。

Q 子どものしつけに悩む自分をどう変えたらいい？

A キャパオーバーなら、まずは環境や体調を整える

特に子どもが小さいうち、親の言うことを聞かなくなる時期を「魔の2歳児・3歳児」と表現しますが、これは、大人の立場から見た言い方です。本来は、何でも自分でやってみる、確認してみたい、という自我が芽生える発達期なので、喜ばしいことなのですが、そうとわかっていてもイライラするものですよね。①イライラの予防法、②子どもへの言葉がけの型を実践してみてください。

①イライラの予防法

まず、イライラとの基本的な向き合い方は、感情コントロール（102ページ）を参考にしてください。

子どもが元気すぎて体力的にキャパオーバーという場合は、メンタル的にも一杯一杯に

なっているので、優しく接しようとしても難しいものです。そんなときは、**まず環境を整えること**。1時間でも誰かに預かってもらう、パートナーと相談して一人になる時間を作るといった対策が必要です。それは、**決して子育て放棄ではなく、その後をうまく進めるための環境整備なので、自分はダメだと責めない**ことです。

また、パートナーに頼む場合は、**してほしい具体的な行動を伝えること。感情に任せた言い方をしないこと**。「何でしてくれないの」「私ばっかり」という言い方では、相手はムッとして反抗したくなります。何とかしたい気持ちがあっても、何をすれば良いかわからなければできないし、手伝い方が不完全だと責められて悪者扱いされると、誰でもいい気分ではいられません。

そこで、「あなたも大変なところ申し訳ないけれど」とか「いつも感謝している」といったクッション言葉を使いましょう。**相手が気持ちを整えるためのフレーズ**から入ることで、相手の受け入れ態勢が整います。自分の気持ちに余裕がないときでも使えるように、普段から言いやすいフレーズを用意しておきましょう。

②子どもへの言葉がけの型

子どもに対しては、つい「それはダメ」「そんなことしないで」といった否定的な言葉を投げてしまいますが、それでは、子どもの才能を潰しかねません。とはいってもイライラしているときは、親自身も優しくする余裕がありません。こんなときも、あらかじめフレーズを準備しておくことをお勧めします。

まずは、子どもに「どうしたいの?」「どうしてそうしたの?」と聞くことです。もしかしたら、想像もしない、子どもなりの考えがあるかもしれません。そうでなくても、まずは「そうなんだ〜」「すごいね〜」と認めてあげます。そして、それが望ましい行動でなかったとしたら、**「こうしたらどうかな?」「次はこうしてみようか」**などと、**「してほしい行動」を具体的に提案する**のです。そして、その通りにできたら、「できたね!」「すごいね!」と褒めてあげると、子どもは**「また褒めてもらいたい=快」と思うために、望ましい行動を再現しようとし、行動の改善につながります。**

例えば、外で騒ぐ子どもに対して「静かにしなさい」と叱っても、静かにする行動を具体的に教えないと、行動は変わりません。そこで、「悪い行動と良い行動は同時にできない」という行動の原則を利用して、本を読む、音楽を聴くといった具体的な行動を示し、褒めることです。それによって、子どもは新しい行動習慣を獲得していきます。

例えば、外出する時に子どもがぐずったら、「体調が悪いのかも」と、ぐずったキッカケを考えるものです。そして、「大丈夫? どこが痛いの?」とオロオロしたりします。

ところが、実は、「キッカケ」よりも、ぐずった後の「親の行動」に、原因があることが多いものです。ぐずった時、親が、心配する・怒る、といった「関心を持ってくれた(=快)」の経験があると、その後も、気を引きたくてぐずる、ということが起こります。

解消方法は、「ぐずることに対して無関心(=不快)」を続けることです。そして、体調が悪そうなら「大丈夫?」ではなく「医者に行って治してもらおう」に、もし、まだ家で遊びたそうなら、「早くしなさい!」ではなく「出かけるよ、お手伝いしてくれる? 偉いね!」「今日も美味しいものを買いに行こうね」のように、「快」が得られるよう、ぐずった後の親の言葉の選択や行動を変化させることです。

子どもは、親の思いもよらないところに「快」を持っているものです。是非、今までのフィードバックを見直して、子どもの自発行動を促す「快」に言葉を変えみましょう。

Q ママ友とうまく付き合えるようになりたい

A 「子どものための付き合い」という目的を誤らない

特に、子どもが未就学児の場合は、情報交換や悩み相談だけでなく、親同士の関係が子どもの交友関係に大きく影響するため、「ママ友」の存在が大きく感じられます。

しかし、共通の話題があって急速に仲良くなっても、幼稚園・保育園、児童館や公園は、多様な価値観を持つ人が集まっています。お稽古事やお受験、生活水準や教育方針の差など、ちょっとした発言からトラブルに発展することもありますし、親が独りぼっちのために子どものお友達作りが難しく感じて不安が増幅するなど、悩みはつきません。

そうした悩みやトラブルを防ぎ、うまく関係を構築する方法、それは、**「子どもの遊ぶ環境を整える」ための「親の付き合い」という目的を明確にする**こと。学生時代の友達のように**「気遣いなく、何でも話す」のではなく、ある程度距離を置いた会話が大事**です。

参考となるのが、欧米の社交界での鉄則、「政治の話をせず、趣味や芸術など教養的な話をする」方法です。政治は「人間関係」ですから、誰かの悪口や噂話をしないのはもちろん、そういった場は極力避けて、深入りしないこと。誰かと子育てを共有したい場合は、子どもの性別や、園・学校が違うとか、受験校が異なるなど、価値観が近くても、環境や状況が異なり、競合する要素が少ない相手がお勧めです。

教養を「知識」と捉えれば、園や学校の行事・お勧めのレジャー施設や便利グッズなど、子ども中心のwinwinな情報交換を心がけましょう。それ以前に、関係性が薄いなど、親に話しかける言葉が見つからない場合は、まずは、相手の子どもに声をかけて一緒に遊ばせて、その後、「気が合うみたいで」と親に声をかける、というのも一つの手段です。

ただ、ママ友作りに疲弊しないでください。子どもが一人で没頭して遊ぶことが大事な時期もあります。孤独を怖がらないようにしましょう。不安解消の一つの手段は、**親自身が「やりたいこと」や、すべき家事など、何をするかを明確にして過ごす**ことです。

基本的に、子どもが自分で友達を作れるようになったら目的達成、ママ友との関係もそこで終わりと割り切りましょう。もちろん、一生の友となる、かけがえのない「ママ友」を持つ人も大勢います。大事なのは、目的を明確にすること。そして、「ママ友」に「友」の字はあっても、単に「子どもの親」の総称であることを忘れないことです。

Q 親との関係を良くしたい

A 「関係がこじれるのは、親に問題がある」と知る

親との関係がギスギスしているというのは、多くの人が抱える問題です。その原因に、虐待といった深刻なケースが潜んでいることもあるので、そうした場合はしかるべき機関に相談することをお勧めします。ここでは、「早く結婚しろと言われる」「ちゃんと働きなさいと言われる」などで関係性がギスギスするというケースについてお話しします。

いずれにしても、**親との問題の原因の多くは、親にあります。**親子関係において、子どもは、親から受けた教育しか経験値がありません。つまり、それ以上の解決方法を持っていないのです。ですから、子どもの立場で「私のせいかもしれない」と思い悩んで行動できていないとしたら、まずは「自分のせいではない」と理解しましょう。そして、この問題は自分が頑張っても解決しない親の問題だ、というスタンスで接してください。

そうした前提のうえで、**親とのギスギスした関係を改善するために、「関係性が悪化し**

ないコミュニケーション」を実践しましょう。多くの場合、親自身が関係性の良くなるコミュニケーションを知らないので、ギスギスするようなことを言ってくるのです。子どもとしては、親の言いたいことや希望はわかるけれど、「言い方が傷つく・気に入らない」と思っているでしょう。

そこで、なぜ親が小言のようなことを言ってくるのか、その原因を知り、自分からは関係性を悪化させないコミュニケーションで対処するのです。

親が小言を言ってくる原因は、大きく分けて2つあります。それは、①「子どもの状況に不満がある」、②「親自身に不満がある」です。

①子どもの状況に不満があるとき

子育てに対する理想が満たされていないので、いくら親に現状を説明しても、「それなら……」と改善方法の提示をやめません。それを**中止させる手段の1つは、親に満足感を与えること**です。例えば、「心配してくれてありがとう。そんなこと言ってくれるのは、お母さんだけ」と感謝する。「私、今、幸せだから。親のおかげよ」と、親の教育が成功しているのだと評価することです。

ここで重要なのは、不毛な会話を防ぐことが目的だということです。**「親のおかげ」だと心から思う必要はないし、「思えないから言えない」と、感情に巻き込まれないようにしましょう。**

また、子どもの現状を知らないために、不安を増長させてギスギスすることもあります。その場合は面倒でも、「今、こんな状態で頑張っている」と伝えると親は安心するし、「頑張っているならいいけど……」と、それ以上は追究されないでしょう。

②親自身に不満がある場合

この場合は、解決しようとしなくていいので、不満を聞いてあげます。それだけでも話すほうはスッキリして、いい時間を過ごせたと思うものです。

そもそも、不満を持った状態では良いコミュニケーションはとれません。例えば、「早く結婚しなさい」と言ってくる場合は、親が世間体を気にしすぎていたりします。それを解消するのは親自身ですから、子どもにはできません。**できることは、「結婚する」といった問題解決ではなく、「話を聞くこと」**だと理解してください。それだけで、親子間のギスギスが改善されるでしょう。対策としては、①の「私は、今の状態で幸せを感じている。

親の教育のおかげだ」と伝えることです。

ただ、子どもに執着するのは、親自身に「子ども以外に生きがいがない」という状況も考えられます。熱中できることを提案するのも、1つの手段です。


もう1つ、古典的な方法ですが、「その話題に触れない」というのもあります。「今日は、この話はしない」と決めておき、親が切り出したら「その話はまた今度」と言って避けると、少なくともその場はギスギスしません。

それでも食い下がってきたら、帰宅するなど、物理的に離れましょう。親も「言えば距離をとられてしまう＝寂しい」が条件付けされると、言い出しにくくなるでしょう。

ただ、親の多くは子どもより先にこの世を去るので、後悔がないよう、生きている間に関係性を修復しておくことは大切です。直接話すとこじれるのであれば、電話やメール、手紙などで本心を伝えておくのも、将来の自分に後悔を残さない方法です。

Q 人を妬んでしまう気持ちをなくしたい

A タイプを分類し、自分の人生にフォーカスする

◆妬みが起きる3つのケース

「あの人の幸せが許せない」といった気持ちが起こる「妬み」については、様々な研究がされています。「自分より相手の食料が多い＝自分が滅びる」という生存本能から起こるとも言われますが、心理学では「自己評価維持モデル（Tesser,1984）」により、次の3つのケースから起こると考えます。

①自分と似ている
②領域が自分と重複している
③相手のほうが優れている

妬みの気持ちが起こったときに、今の自分がこのどれに当てはまるかを考えて、思考をポジティブに切り替えるのも、妬みを解消する1つの方法です。自分はどのタイプか、言

語化してみましょう。
具体的には、以下のように考えてみます。
①相手が自分と似ている場合　↓　「でも、私には○○という強みがある」
②同じような領域で勝負している場合　↓　「じゃあ、一緒にやってみよう」「もっと良くなるコツを聞いてみよう」「真似して、もっと自分を高めよう」
③自分より優れている場合　↓　「そこではかなわないけれど、この部分は私のほうが優れている」「私は違う方向を目指している」「私には自分のやり方がある」

◆環境を変えてみる

よく、自分のことを生まれつき「妬みやすい性格」だと思っている人がいますが、**経験値から「性格」として身につくことも多い**ものです。特に、家庭や学校が「あいつは許せない」といった妬みの多い環境であると、ネガティブに考える思考回路が普通になり、自尊心も低くなってしまいがちです。

すると、例えば就職もしていないのに「自分はどうせ金持ちになれないし、幸せになれない。だから、幸せな金持ちは許せない」といった偏見を持ってしまいます。この場合、まずは就職することで幸せを感じることを優先すべきですが、そういう発想が生まれません。

反対に、**妬みをポジティブに捉える人が多い環境で育つと、「ポジティブに考える」回路が育つので、自尊心の高い人になります。**よく、成功している集団の中で過ごすほうがいいと言われるのは、成功者は相手をこきおろすのではなく、相手から自分がさらに良くなる手段を学ぼうと考え、言葉がポジティブだからです。自分は妬みやすいと思っているなら、今の人間関係を見直して、環境を変えるのも改善方法の1つです。

◆人生の目的を持つ

妬む人は、「自分の人生の目的＝自分軸」を持っていないことが多いものです。すると、「何かを頑張っている人」や「行動して手に入れた人」と「現在の自分」を比較してしまうので、過度に「自分のできていないところ」にフォーカスしてしまいます。この自分軸の欠如が、「人の幸せや成功を許せない」という「妬み」感情を生みます。

ところが、**人生の目的がはっきりしていると、比較対象が「将来の自分」と「現在の自分」になるので、誰かが自分より優れていたとしても「自分は自分、人は人」と思えるようになる**のです。また、その人の優れた部分を自分に取り入れようと考え、「会ってみよう」「話してみよう」と自分の行動を変えることにつなげます。

妬みの感情が強いときは、自分の目的を見直し、それに向かって実行すべきことをしているかどうか考えてみましょう。「人生の目的」なんて大きなことは考えられないという場合は、「毎週本を1冊読もう」など、**身近で自分が「快」と思える目標を設定**し、少しずつ自分が充実感を得られる方向を探ることをお勧めします。

◆「妬み＝快」に注意する

妬みを持つと、相手の不幸を喜んだり、ありもしない噂話を広げるといった相手の成功を邪魔する行動をとったりします。そして、その行動をしたときにスッキリすると、それが快（報酬）になり、繰り返すためさらに妬みが強くなります。

今まで挙げてきた方法では、妬みをなくせないという場合は、次のシンプルな方法を試してみましょう。

①見ない……テレビのワイドショーやネットのニュースを見ていると、誰かの不幸を喜んだり、幸せを邪魔したくなるという人は、「そのような状況から離れる」ことです。つまり、「ワイドショーを見ない」「ネットのコメント欄を見ない」といった環境を変

える行動をとります。そこで、散歩に行く、映画を見るなど、自分軸の「快」を得られる行動をとるようにすると、徐々に「妬み＝快」となる行動を断ち切っていけるでしょう。

②何か行動する……「妬みの気持ちが湧いてきたらすべきこと」を事前に考えておきます。それは、仕事でも、家事でも何でもＯＫ。人は同時に２つのことはできません。何か別のことを始めると、妬み感情が続きません。なくすのではなく、回数を減らしたり、強くならないようにすることです。

Q うまく人を動かせる人になりたい

A 相手のモチベーションを喚起し、信頼関係を結ぶ

上司や部下、仲間、そしてパートナー・子どもなど、人を動かすためには、いわゆる「リーダーシップ」が必要になります。その方法は、次の①②の通りです。

① 相手の行動を「承認」することで、「快」(＝報酬)を与え、信頼感を条件付けする
② ①を繰り返すことで、相手にモチベーションを持たせ、自発的な行動を促す

リーダーシップにおける「人を動かす」とは、相手を強引に動かすのではなく、信頼関係を構築することで、相手が自ら動くように導くことなのです。

ところが、①の「承認する」＝報酬を与える際に、「相手をうまく褒められない」と悩む

人がいます。一般的に「褒めて伸ばす」という言葉が先行し、「承認する」＝「褒める」と思い込みがちなのですが、実は、「承認行動」には、主に、「事実を伝える」「Iメッセージで気持ち（感謝）を伝える」「YOUメッセージで評価を伝える」の3種類があります。一般的な「褒める」は、YOUメッセージに当たります。立派だ、優秀だ、そんな「評価」をしようとするから「褒められない」のです。

ここでぜひ使ってほしいのが、「事実を伝える」承認方法です。例えば、「今回も期限通り提出したね」のように、観察した事実だけを伝えればいいのです。

なぜこの方法をお勧めするかというと、初めてでも取り組みやすく、しかも、相手が自然と「私の行動をちゃんと見てくれている」と解釈してくれて効果的だからです。

大切なのは、**まず、「成長した点」や「変化した部分」を指摘する**ことです。「パワーポイントの図が、とても見やすくなったね」「以前より、机の上が片付いているね」のように「事実」を伝えると、相手は自分自身の成長を感じられるうえに、「努力を褒めてくれた」という承認欲求が満たされ、ときには、「自分にはそんな強みもあったのか」という新たな気づきを得る効果もあり、信頼度をさらに高めます。

そして、**承認行動の後に、次なる課題「こうすると、もっと良くなる」点を具体的に共**

有すると、相手のさらなる成長を支援し、自発行動を促せます。ただしその際に、「もっと頑張ってね」といった具体性のない言い方をしてしまうと、相手は自己流で解釈してしまい、こちらが期待する行動とズレが生じる場合もあります。これでは的確な承認ができていないだけでなく、相手にとっては努力が認められなかったりと、双方に不満が残ってしまいます。

仕事であれば、1日に30件の営業電話か、10件の外回りか、または育児なら、子どもと半日一緒に遊んでほしいのか、午前中に掃除を手伝ってほしいのか。具体性があれば、相手は「頑張って」動けるし、こちらも「頑張り」に対して承認することができるようになります。

その行動の結果、どんな「良いこと」があるのか、スキルアップで昇進するのか、家族から盛大な祝福を得るのか、提示することも大事です。

人は自分のためになることには自発的に行動するし、知らないことには不安を覚え、勝手に決められたことには不満を感じます。結果的にどのようなメリットやベネフィットがあるのか相手が納得することが、自発行動には欠かせないのです。

いくら言っても動いてくれない、相手の自発性を促せない、といったときに、多くの人は「自分はリーダーに向いていない」、自分や相手に「能力がない」と感じます。しかし、リーダーシップは、「具体的な指示と承認（事実を認める・感謝の気持ちを述べる・評価して褒める）」がベースです。**信頼関係を構築する条件付けや、モチベーションを持たせるコミュニケーションスキルを使えば、誰でもリーダーシップを発揮できます。**生来の能力ではないのです。

もちろん、みなさんの経験値や、置かれている環境などによって、とるべき行動は様々です。だからこそ、コーチングでは、その人の強みに合わせた行動を設定しています。ただ、「人を動かす」法則は同じです。ぜひ適切なコミュニケーションスキルを身につけて、より良い関係を結びながら、相手を動かしてください。

Q 英語ができるようになりたい

A 目的に合った勉強法を選ぶこと

リスキリングやリカレントが推奨される昨今、英語の勉強をリスタートする人が増えていますが、挫折する人も多いようです。英会話スクールなどの広告を見て、通いさえすればすぐに喋れるようになると思って始めても、現実は甘くありません。

「英語ができるようになりたい」「みんながやっているから」といった漠然とした理由では、思うような成果が出ずに挫折してしまいます。**大事なのは、「何のために英語を学ぶのか」という目的をはっきりさせること**です。

例えば、旅行で会話ができるようになりたいのであれば、そうした英会話スクールを選んだり、英語を話す友人を作ったりすることで学べるでしょう。しかし、ビジネスで使うということであれば、ＴＯＥＩＣのための勉強をしたり、ビジネス英語を学んだりする必要があります。

つまり、**目的が決まることで、ようやく手段が決まる**のです。さらに、その手段で勉強を始めると、目的に近づいているという達成感を明確に得られるので、継続しやすくなるのです。ただし、目的と手段が決まったとしても、スクールに通うのか、オンライン授業か、個人レッスンか、独学かなど、学ぶ方法はいろいろあります。また、自分のレベルに合った教室か、先生かということも大事です。

そこで考え込んでしまい、なかなか始められないのであれば、とにかく「始めてみる」ことです。合わなければやめればよいのです。**始めてから、自分に合う方法を見つけることも1つの手段**でしょう。

その際、何を基準に選ぶかというと、通いやすい場所にあるとか、好きなお店の近くにある、サービスが充実しているなど、何でもいいので「快（報酬）」を得られそうなところに、体験レッスンを申し込んでみます。

始めてみて継続できるようであれば、「それが自分にふさわしい学習方法」であり、継続できなければ「自分のやり方、もしくはライフスタイルに合わなかった」ということがわかります。すると、合わなかったとしても、それが経験値となって、次の選択では自分に最適な方法を見つけられる可能性が高まります。

Q 職場の仲間に溶け込みたい

A コミュニケーションスキルを使って型通りに動いてみる

うまくやれない、つまり、意志疎通がうまくいかない、自分の意見を主張しても聞いてもらえない、言葉通りに受け取ってもらえない状況にあるのではないでしょうか。

仕事上の付き合いだから、論理的に主張すれば聞いてもらえるだろうというのは思い込みです。もちろん、意見を主張し、問題点を明確にし、お互いの考えを擦り合わせて一致させることは大事です。しかし、その前に、**人間関係が構築されていることが重要**です。**そうでないと、どんな正論を述べても感情的に受け入れてもらえないから**です。まずは、人間関係構築のために、「共感的コミュニケーションの型」を身につけて、今までの自己流の話し方を「基本型」に変えてみましょう。

①一方的に話さず、相手の話を聞く

自分の主張が通らないと感じている人は、自分をわかってもらいたいと思うあまり、発言量が多すぎる傾向にあります。残念ながら、相手には「わがまま」「強引」と映り、信頼関係が結べません。信頼がなければ、いくら正論を唱えても、感情的に受け入れてもらえない状態を招きます。まずは黙って相手の話を聞き、「なるほど」と受け止めるという共感行動をとってください。「黙って話を聞く」という行動が、相手に「理解を示そうとしている」と映り、信頼感につながります。ただし、相手におもねって意見に従う必要はありません。あくまで**「相手の意見を理解した」ということを「態度」で示す**のです。そのうえで「その意見に対して、もっと良くなる方法を提案したい」と伝えれば、相手もこちらの話を聞こう、となるのです。

共感行動とは、あなたが「共感感情を持つこと」ではなく、相手が「共感してくれたと感じる行動をとる」ことなのです。

②発言量が少ない人は、こまめに報告する

多くの人間関係は、「言わなくてもわかるだろう」「こんなことくらい知っているはず」

「これは常識」という思い込みによって関係が悪化するものです。発言量が少ない人は、そうした思い込みを持っている傾向があります。あるいは、今までの経験から「どうせわかってもらえない」「何か言うと怒られる」という思い込みがあると、言いたいことを飲み込んでしまうタイプの人もいます。

しかし、**他人からすると、発言しない人は「何を考えているかわからない人」**であり、そこに信頼ある人間関係は生まれません。

その場合に、お勧めする行動は、ビジネスマンとしての基本である「報連相」をこまめに行うことです。例えば、時間や日時を決めて行うようにすると、それがお互いにとっての習慣になっていきます。「会う回数が多くなるほど、相手の親近感を得る」という心理効果も活用しましょう。ただし、相手によっては、報告回数の基準が違うので、お互いにとって「ちょうど良い回数」を見つけるようにしましょう。

その**報連相の中でも、コミュニケーションを深めていくのに大事なのが、「相談」**です。困ったことを自分一人で抱え込まずに、相談することによって会話が生まれ、相互理解が深まります。まずは「わからない」ということは大事な情報だと認識してください。

また、「〇〇の案件ですけど、どうしましょう」と伝えるだけでは、何も考えていない、丸投げしている、と思われてしまいます。相談するときには、「○○の案件がリスケになりました。△△で再設定しようと思いますが、いかがでしょうか？」と、できる限り自分から対案を提示すること。そうすれば、相手も快く対応してくれるでしょう。

③予防策を活用する

そもそも、「自分は職場の仲間とうまくやれていない」「受け入れてもらえない」といったネガティブな感情を抱えていると、委縮して何も行動できなくなるものです。そうした感情が現れたときは、それをシグナルとして思考を切り替えるよう、常日頃から意識しておきましょう。

例えば、「みんなに好かれなくても大丈夫」といったおまじないの言葉を用意しておいて、ネガティブな感情が現れたら唱える。もしくは、「相手に嫌われたらどうなる？」と考えて、「もし同僚に嫌われても、後でフォローすれば良い」といった解決策を用意するなどして、ポジティブな思考へと切り替えます。

このように思考を切り替える予防策は、前述した①や②のコミュニケーションスキルにスムーズに取り組めるよう、平常心を取り戻すのにも役立ちます。ただし、どんな予防策が効果的かは人によって異なるので、コーチングでも時間をかけて見極めます。試行錯誤を繰り返して、自分なりの対策を見つけましょう。

Q 緊張する自分を変えたい

A 緊張はするものだと捉え、対処法を考える

コーチングでよく聞かれるのが、「緊張をなくすには、どうしたらいいですか」という質問です。これは、そもそも「緊張」の捉え方に誤りがあります。オリンピック選手ですら緊張して、雰囲気に飲まれたり、演技に支障をきたしたりするものです。**もちろん「緊張しません」というつわものもいますが、そもそも、そのような人を基準にする必要はありません。**「緊張はするものだ」という前提で、対処法を使ってください。

①緊張したら、別のことをする

なぜ緊張するかというと、「緊張をなくそう」と思うからです。何回も言いますが、人の脳は、一度に1つのことしか考えられない仕組みになっています。「思考の椅子」は1席しかないのです。「緊張しないようにしよう」と考えると、実は、ますます「緊張」に

フォーカスすることになり、さらに緊張を生んでしまうのです。

緊張から距離を置くには、1席しかない思考の椅子に、全く別の思考を座らせましょう。

お勧めは「何をすべきか」という作業的な行動を考え、実行することです。

同時に、身体的な対処法を取り入れてみましょう。スポーツ選手も、まずストレッチをしてから本番に臨みますね。緊張は筋肉をこわばらせますが、筋肉をほぐすと緊張もゆるむものです。

身体をリラックスさせることで、気持ちを変えるという方法は、「気持ちと身体の反応は双方向機能を持つ」という科学的な行動の原理がベースになっています。

例えば、「1で吸って、10で吐く」という呼吸法を行うのもいいでしょう。吐くという行動は副交感神経を使うので、緊張をほぐします。反対に、吸う行動は交感神経を刺激してますます緊張を高めるのでご注意ください。

「ゆっくり動く」といった行動のスピードを抑える方法も、緊張緩和に有効です。緊張すると心拍数が上がり、早口になって思考がついていかなくなったり、呼吸が浅くなって酸欠状態になったりしますね。こういった緊張状況を体の動きを変えることで防ぐ方法は、コーチングでは最も効果を発揮しています。

②失敗することを想定して準備する

どんなに準備をしても、「自分の知らない質問をされたらどうしよう」といった不安を残したままプレゼンすると、実際にそうなったときにパニックになってしまいます。そのための対処法としては、あらかじめ「的確なご質問ありがとうございます。持ち帰ってしっかりご返答します」といったフレーズを用意しておくことです。

または、緊張していると気づいたら「すみません、緊張しています」と言う、話す内容を忘れてしまったら「すみません、頭が真っ白になって話す内容を忘れました」と言う、といったように、**緊張や失敗が起こったら、隠さず正直に話すと決めておくことも有効**です。その場になって対処しようとするのではなく、事前にそのように心づもりしておくだけで、安心して臨めるようになります。

また、聞き手の立場になれば、本音を言う人に信頼が置けるのは当然のことです。うまくやろう、隠そうと、自分にばかりベクトルを向けすぎないことが大事です。

緊張は、先がわからない不安から起こることが多いものです。ですから、「もし、こうなってしまったら……」という不安への対処法を、「何をする」「何を話す」と具体的に用意し「見える化」しておくことが、緊張緩和を助けてくれるでしょう。

③思い込みを手放す

「いつも緊張して失敗する」という人に、何を失敗するのか聞くと、「私の発表を聞いている人の顔が、何となく不満そうなんです。だから、失敗していると思う」と答える方が多くいます。この場合、特に本人に問題がないのに、**「緊張すると失敗する」という思い込みが、正当な自己評価を阻み、不当な自信のなさを生んでいる**のです。

この思い込みを払拭する良い方法は、不明瞭な自己評価をなくすために、他人から客観的な評価やアドバイスをもらうことです。すると、緊張していても内容に問題がなければOKだとわかりますし、評価する人から見れば、聞き手は特に不満そうではなかったと言うかもしれません。または、自分は緊張していても、人から見ればむしろ落ち着いていて、評価が高かった、などということもあります。

客観的評価は、自分の正当な評価につながり、また、他人のアドバイスは、誤った自己流の解釈を防いで、早く・正しく自分を変えることに生かせるのです。

もし、自分がアドバイスする側に立つときは、「良かった点」と「改善するともっと良くなる点」を伝えると、相手の成長を促すことに役立つでしょう。

緊張をなくそうと考えるより、緊張とどううまく付き合うかと考えてください。きっと人生を豊かにしてくれるでしょう。

Q 臆病で新しいことに挑戦できない

A 小さな一歩こそが「挑戦」だと知ろう

挑戦できない、一歩を踏み出せないという人は、自分は性格的に「臆病だ」「勇気がない」と考えがちですが、そんなことはありません。これは人間の持つ現状維持機能という本能ゆえの行動であり、人間にとって変化とは「リスク」なのです。そのリスクにチャレンジできるかどうかは、今までの経験値＝「新しいことを始めた結果がどうだったか」による影響が大きいものです。つまり、性格的なものではないのです。挑戦した結果、良い結果を得た人はまたチャレンジしますが、悪い結果を得た人は、リスクは嫌だと感じてトライしなくなります。**ネガティブな経験値しかなければ、「挑戦しよう」という気持ちになれないのは当たり前**なのです。

すなわち、挑戦できるようになるには、ポジティブな経験値を作ること。**新しく成功体験を積むことで、「できる」回路を作っていく**ことが必要なのです。

①小さな新しいことを始めてみる

挑戦と気張らずに、お洒落でも楽器でも、スポーツでも何でもいいので、自分が好きな新しいことを始めてみます。好きなことなら、少しできただけでも「嬉しい」「楽しい」＝「快」を感じやすいし、もっとやってみようと思うものです。そうして、「新しいことに取り組んだら、良いことが起こる」という回路を作っていきます。仕事や人生の選択のような、重い内容である必要は決してありません。

②やりたかったことを思い出す

小さい頃に何かに挫折した経験があれば、それを思い出してみます。例えば、バイオリンに興味があったけれど、親に金銭的・能力的に否定されて諦めたという経験があったとします。それがきっかけで、臆病な自分ができてしまったのかもしれません。

そこで、大人になった今、バイオリンを始めてみるのです。それによって挫折した経験を自分で塗り替えることができます。ただし、小さなことから一歩一歩進めていきましょう。まず「どの教室、またはどの先生にするか」「いつから始めるか」といった計画を立てます。そして「とりあえず半年は続ける」といった期限を決め、購入する楽器のレベルを決めます。また「一度は発表会に出る」という目標もあるといいでしょう。

そうやって**スモールステップをたくさん設定し、1つ1つクリアするたびに「できた感＝快」を確認し、また進んでいく**こと。これが、「挑戦して良い結果を得る」という経験を積み重ねることです。

一方で、長年続けていることがあれば、自分が気づいていないだけで、それが「好き」な可能性があります。だとしたら、新しいことを始めるのではなく、新しい目標を作ることで、挑戦することをお勧めします。

Q 本当に信頼できる友達を作りたい

A いきなり信頼を求めず、ファーストステップから

友達が多い人でも、信頼し合える友達を作るのはなかなか難しいものです。あまり社交的でない方なら、いきなり友達を作ることを求めず、まずは「知り合いを作る」、そのために「知り合いを作れそうなコミュニティに属する」ことから始めましょう。

今はリアルな場所だけでなく、ＳＮＳなどいろいろなツールで知り合うことができます。**人は話が合ったり、価値観が似ていたりすることが、互いに興味を持つきっかけになる**ので、そういった人がいる場所に出向いたり、アクセスすることが第一歩。まずは、**自分に合う人を探す環境を整える**、ということです。

次に、**自分は何が満たされると「信頼」と感じるのか、自分の基準を確認**してください。そうでないと、もし信頼できそうな人が現れても気づけないからです。何でも話せることなのか、気が置けないことなのか、ほかにも基準はいろいろありますね。自分の感覚で

「快」と思えるポイントを確認しましょう。この基準は人それぞれなので、自分の感覚を大切にしてください。そして、知り合った人との付き合いの中で、その信頼ポイントを意識することです。

ただし、今まで誰とも信頼関係を築いた経験がないという人は、この信頼ポイントを探す作業が難しいものです。なぜならば、信頼の感覚がどういうものか知らないからです。そのような方は、まずは自分が相手のためになることを実践し、相手から感謝される、共感されるという、**「信頼される」経験をすることから始めましょう。**重要なのは、そのときに、どんな感情が信頼なのかを意識すること。まずは、自分の中で「信頼の基準」を作りましょう。

また、自分が大変なときに助けてくれるのが信頼だと思うなら、まずは、自分自身が、相手が困っているときに、打算・計算なしで相手に役立つ行動をとって信頼されましょう。そうすれば、自分が困ったときにも、相手が助けてくれるはずです。自分が「こうしてほしい」と要望するだけで、相手の要望に応えることがなければ、信頼関係は生まれないものです。まずは、自分から行動してみましょう。

大切なのは、いきなり信頼できる友達を作ろうと思わないこと。そして、**そんな友達がいないから、と自分を卑下しないこと**です。「一人が好き」というのも、立派な個性です。単に気が合う知り合いを作り、困っていることがあれば手を差し伸べる、役に立つことを実践する、といった行動を日々繰り返すことで人生が充実しているなら、「信頼」がなくても幸せと言えるでしょう。

また、今の交友関係を改めて見直してみることも大事です。**見方や意識を変えるだけで、相手に対する感情は変わるもの**です。もしかしたら、思わぬところに信頼を寄せてくれる人がいたり、信頼できる友達になっていけそうな人がいるかもしれません。

Q 頼られる上司になりたい

A 型の実践で、部下とのコミュニケーションを図る

①わからないことは部下に聞き、感謝を示す

今まで「部下」の立場だった人が「上司」になったとき、役割の違いを理解せずに、自分の誤った思い込みで行動してしまうと、部下の信頼を得ることができません。

よくあるのが、「上司になったら何でも知っていないといけない。馬鹿にされないためにも失敗は許されない」という思い込みです。そのため、わからないことがあっても自分で解決しようとして部下とコミュニケーションをとらないために、関係構築ができないといった場合があります。

そんな人に実行してもらう型は、「わからないことは、自分から部下に質問する」こと、そして解決したら、「君がいて助かるよ」「このジャンルは君に聞くのが一番だね」と感謝の言葉を述べることです。

部下からすると、上司が何でも一人で解決してしまうと、自分が信頼されていないと感じるものです。逆に、わからないことを「わからない」と言える上司は、部下を信頼しているように見えますし、度量があると映ります。また、上司に感謝された部下は「承認欲求」が満たされて、これも信頼感につながります。**部下から頼られる上司になるには、まずは上司から、部下への信頼を示す行動をすること**です。

②自分の仕事の基準を見直す

「私なんて、まだまだ」と思っている優秀な人が、自分の設定した高い水準を部下にも要求してしまい、関係を悪くするケースがあります。

優秀であるがゆえに、「これくらいできるのが常識」という思い込みがあり、部下には到底こなせないレベルの仕事を要求したり、部下が頑張って仕上げたとしてもあっさり「標準以下」と評価してしまったりするのです。これでは、部下はいつまでも仕事に「快」を得られず、上司に信頼感を持てません。

自分に厳しいことは、向上心があり良いことですが、**重要なのは、相手との実力の差を理解し、相手の状態をわかったうえで指示を出したり、評価したりすること**です。そこでお勧めしたい行動は、「君の考えを教えて」などと自分から声をかけて、部下がつまずいているところを探り、さらに部下が成長するための的確なアドバイスを行うことです。詳しくは「うまく人を動かせる人になりたい」の項目を参考にしてください。

部下は、優秀な上司から指導を受けたり、成長して褒められたりしたいものです。自分は何を求められているのかを理解し、それを行動に移してください。

③弱気な性格のまま信頼を得る

「私は弱気な性格だから、信頼してもらえない」と悩んでいる人もいます。このような人は、上司としてのふさわしい行動があるのに、「弱気な性格」を理由にしてすべき行動を放棄していることが多いのです。

重要なのは、弱気な性格を変えて、頼もしくなろうと思わないことです。むしろ「弱気」を強みとして使いましょう。そのままの気持ちでいいので、人間は「快」を得ると行動するという、行動の原理を活用してください。例えば、「困っていることはない？」「現在の進捗状況を教えて」といった相手のことを知ろうとする質問をすることを心がけましょう。

そして、報告を受けたり、仕事が完了した際には、「いつもありがとう」「よくやったね」

といった感謝や、相手の成長を感じさせる言葉を返し、「快」を与えてください。理解のある上司と解釈されることでしょう。

確かに、強気な上司は頼りがいがあるように見えますが、半面、すべて自分の考えで進めてしまうために一人よがりになりがち、部下が上司を頼ってしまい成長しなくなる、といった弊害を生むこともあるのです。

ぜひ、**「弱気＝信頼を得られない」という思い込みを捨ててください。**そして、**「弱気＝話しやすい・相談しやすい」という強み**を生かして行動してください。きっと信頼される上司になれるはずです。

Q 片付けができる人になるにはどうしたらいい？

A 片付けが目的にならないように気をつけて

片付いている部屋やオフィスを見ると気分がスッキリしますが、生活している以上、常にモデルルームのように片付けておくのは無理なこと。その目標設定を間違うと、「片付けても、片付けても、きれいにならない」とストレスを抱えることになります。

片付ける目的を、そのほうが生活しやすい、仕事をしやすいという利便性に設定すると、多少散らかっていても、自分が便利に暮らせるならそれでOK、という目標ラインが見えてきます。「うちは来客が多いから、もっときれいにしておきたい」ということであれば、目標ラインを上げればいいのです。

オフィスでも同様で、ある程度片付いているほうがいい人もいれば、進行中の資料はすべて目の前に出しておきたい人もいて、どこまで片付けるかは人それぞれです。

そのときに気をつけたいのは、**片付けられる人は「立派」で、散らかしている人は「だら**

しない」といった世間体や先入観（＝経験値）に惑わされないこと。仕事ができることと、整理整頓ができることに因果関係はありません。

それについて間違った認識を持っていると、仕事ができる人間になりたいからもっと片付けようと思ったり、仕事ができない原因を片付けられないせいにして、現実から目をそらすことになったりします。片付けられない自分を卑下することにもなるので気をつけましょう。

また、家族が散らかすからイライラするという場合もあります。それが子どもであれば、単に「片付けなさい」と言うより、「快（報酬）」の設定が効果的です。

例えば、アグレッシブなお子さんであれば、「どちらが早く片付けられるか、競争しよう」と声をかければ、その子にとっては早く片付ける＝勝って称賛されることが「快」になるので、自ら片付けを行ってくれるでしょう。

夫婦間などで、相手が片付けないからイライラするという場合は、コミュニケーションの改善がカギを握っています。

もしかしたら、「気が利かない」「協力する気がない」ように見えるのは、「何をしていいかわからない」からかもしれません。その場合は、「どこに、何を片づける」か、具体的に伝えてください。そして、行動したら感謝を述べて、相手のやる気を作りましょう。また、いきなり上手に片づけられないことを忘れないようにしましょう。せっかく手伝っても文句を言われたら、「もうしない」となるものです。

「片づけたら文句を言われた」など、過去のネガティブな経験によってしなくなることもあります。相手の片付けが不完全だと、つい何か言いたくなりますが、気持ちはどうであれ、まずは感謝を述べ、「また、こうやって片づけてくれたら嬉しい」というように、具体的な行動を誉めることです。結果的に、相手に「何をすれば良いのか」が伝わります。大事なのは、「戦略的に承認」するコミュニケーションで、モチベーションを作ることです。

最後に、そもそも物の量が多すぎて整理しきれないという、環境が問題の場合は、自分の整理能力も、努力も関係ありません。片付ける努力をするより、まずは物を適量にするための処分を優先しましょう。

Q 自己肯定感が低い自分を変えたい

A セルフトークの言葉を変える

自己肯定感が低い人は、「自分はダメだ」「自分には無理」というネガティブな思考を持っています。もちろん生来の気質もありますが、その原因は主に3つあり、①挫折や失敗といった過去のつらい体験、②幼少期の大人からのネガティブなフィードバック、③競争相手などと比較される環境、です。つまり、どれもネガティブなフィードバックを経験したことで、自信がなくなっているのです。その結果、自分に対する言葉（セルフトーク）が、ネガティブになっています。

実は、**脳は、受け取ったメッセージを繰り返し脳に組み込んで、「真実」としてプログラムするという性質を持っています。**ですから、自分に対して「私はダメだ」というメッセージを与え続けていたら、自己肯定感を高めようと思ってもとても難しい、ということはご理解いただけるでしょう。

そこで、まずはセルフトークの言葉を自分が「快」と感じられるポジティブなものに変えて、新たなメッセージを脳に送ることから始めます。その具体的なトレーニング法を3つ挙げましょう。

①今まで達成してきたことを口に出して言う

これは、ブリティッシュコロンビア大学で実証済みの方法で、**過去の良い経験を思い出し、口に出して言うことで、脳は「自分はできる」というプログラムを繰り返し組み込む**というものです。

ときに自己肯定感を高める方法として、「自分は億万長者になるんだ！」といった到底できない目標を立てて自己暗示をかける方法が紹介されることがあります。しかし、これでは脳が不協和を起こして思考停止に陥り、効果を上げることは難しいとされています。

もちろん、プロ選手のように常に勝負の世界にいる人が、「1位をとるんだ」と口ずさむことには効果がありますが、もともと自己肯定感の低い人にはお勧めしない方法です。

それに比べて、「自分の過去の良い経験」という事実に対しては、脳は正直に反応してくれます。繰り返し思い出し、念仏を唱えるように口に出してみましょう。

②「リフレーミング」する

これは、**ネガティブな言葉をポジティブな言葉に言い換える**、というものです。「私は頑固だ」と思ったら「私は信念がある」、「私は意志が弱い」と思ったら「私は柔軟性がある」というように、ネガティブな言葉に気づいたら、その都度言い換えましょう。

そのコツについては、「～のおかげで」「～だからこそ」という言葉を使う方法をお勧めします。特定非営利活動法人しごとのみらい理事長の竹内義晴氏も提唱していますが、例えば、「小心者のおかげで大きな失敗がない」「話すのが苦手なおかげで、聞くのが得意」「自信がないからこそ、しっかり準備をする」「能力がないからこそ、努力する」などです。

③「良かったこと」「したいこと」を言語化する

良かったことというのは、「過去に自分に良い影響を与えた人を振り返る」「幸せだと感じた瞬間を思い出す」「奇跡的にうまくいったことを思い出す」など。そうしたことを思い出したら、口に出すなどしてしっかり言語化してください。

したいことというのは、例えば、「お金や世間体というしがらみを完全に取り払えたら、何を成し遂げたいか」「必ず願いが叶えられるとしたら、何をしたいか」といったこと考える、です。これも考えたら、しっかり言語化します。

または、就寝前に、その日にあった良いことを思い出し、明日やろうと思う良いことを考える、という方法もあります。

言語化は、イメージを明確にして、すべき行動を具体化するために、非常に重要な作業です。ぼんやりとしかイメージできないことは、「わかっていない」のと同じなのです。**「変わりたいけれど変われない」多くの人は、この言語化の経験値が少ない、すなわち、トレーニングされていないことが多い**ものです。能力ではありません。ぜひ、言語化のトレーニングに取り組んでください。

最後に、セルフトーク以外の改善方法も挙げておきましょう。

環境を変えるという意味では、SNSから離れて他人と自分を比較するのをやめたり、自分を貶めることを言う人から離れるというのも効果的です。

また、自分好みの、ちょっと高価な服や物を身につけるなど、身なりを整えることも自己肯定感を高めてくれます。くれぐれも他人と比較してないでください。

Q 決断できない自分を変えたい

A まず「しないこと」を決める

誰しも、何かを決められなかったり、諦めが悪くて思いきれなかったりする自分を嫌だと思うもの。サバサバしている人に憧れるでしょう。では、ウジウジしている人とサバサバしている人の違いは何でしょう。それは、「決断力があるか・ないか」です。

本来、目的設定ができれば目標、手段が定まり、おのずと進む方向が見えるので、すべき行動を選択し、決断することができます。しかし、ウジウジしてしまう人は、まず目的設定をする段階で、「本当にこれでいいのか」と悩んでしまうのです。

そんなときは、**まず「これだけはしたくない」といった「しないこと」を決める**のがお勧めです。すると、「私は決められた」というインセンティブを得られるうえ、だんだん「したいこと」が絞られるメリットも感じられます。

また、しないことを決める際に重要なのは、「やろうかな、やめようかな」といったように自分の感情に頼るのではなく、「Aを選択したら何が起きる?」「AとBの違いはどこ?」のように**自問自答を行い、決めるための具体的な情報を増やしていくこと**です。

しかし、ウジウジする人は、せっかくそういう自問自答を経て決めたことも、やはり最良だと思えず、「でも、……」と悩みがちなのです。

そのような場合は、「最悪は避けられたからよかった」「誰がやってもこれがベスト」など、決断のハードルを下げて、少しでも決めた充実感を持つことです。まずは「自分で決める」という行動をとり、「自分は決められない」というネガティブ思考から解放されましょう。

そして、**最も単純な方法は、「全く別の行動」をとること**です。例えば、料理とか洗濯、掃除、買い物など、「緊急性はないが、必要な行動」をしてみましょう。

一見、無駄な行動に見えますが、**「順番は違うけれど、生産性のある行動をした」と解釈できれば、決断したことに自己効力感を得られます。**そういった小さな成功体験が、自己肯定感を低めることからも解放してくれるのです。

Q 仕事のスピードを上げたい

A 仕事量、スキル、スケジュールなどの見直しを

ただ漠然と「スピードを上げたい」と思うだけでは変われません。**何が原因でスピードが遅いのか、改善点を見つけて、具体的な行動を設定すること**から始めます。

例えば、「いつも予定に間に合わない」ということであれば、その原因を考えます。もしスキル不足だと思うなら、先輩に教えを乞う、専門的な知識が必要な仕事なら勉強をする、プロに習ったりして習熟度を上げるといった対策を実行します。

しかし、自分には問題がなく、単純に仕事量が多すぎてキャパオーバーになっている可能性もあります。その場合は不可抗力ですから、そうとわかった時点で、早めに上司などに伝えてスケジュールを調整するか、ほかの人に割り振るといった行動を起こすことが必要です。そうすると「仕事が遅い人」ではなく、「先の見通しが立てられる人」「連絡が早い人」といった評価になるでしょう。

または、スケジュール調整ができていない可能性もあります。例えば、「〇日にアップ」とだけしか決めていないなら、毎日のＴｏ Ｄｏリストを細かく決める、いつも締め切りに遅れるなら、自分の予定を早めに設定する・事前に誰かに手伝ってもらう約束をしておく、といった準備をします。特に、**期日や時間を決めることは非常に重要**です。「仕事量は、与えられた時間の分だけ膨張する」というパーキンソンの法則のように、スピードではなく、期限が問題であることもお忘れなく。

一方、実際には遅れていないのに、「自分が設定した期日より遅れた」「他人に比べて遅い」「優秀な人は早くあるべき」といった、私的な思い込みで判断していることもあります。自分の価値を低く見積もったり、目指す完成度が高すぎたりすると、不必要な劣等感を持つこととなります。その結果、自分だけでなく、相手に対してもジャッジが厳しくなって、円滑なコミュニケーションを阻害する可能性があるので、何ができたかにも目を向けるようにしましょう。

また、もしかするとあなたの良さは、「仕事を早くこなすこと」ではなく、「ゆっくり丁寧な仕事のしかた」にあるかもしれません。ここで誤った見解を持つと、自分の良さを生かせなかったり、伸ばせなかったりします。**予定に遅れるといった問題がないのであれば、むやみに自分を厳しくジャッジしてネガティブなイメージを持つより、自分の長所を伸ばすほうが、仕事の質は上がる**でしょう。

それでもスピードが遅いことが気になるなら「私の長所は丁寧なところ、だからこれでいいんだ」というおまじないの言葉を予防策として準備しておきます。そして、ネガティブな感情に気づいたときに自分に言い聞かせて、平常心に戻るように習慣づけましょう。

Q 将来に不安ばかり感じるのはなぜか

A 不安の正体を明らかにする

まずは、環境を変えることから始めましょう。**人間は、正しいことより、信じたい情報を選択する生き物**です。ネガティブな話ばかりする人に囲まれていたり、ネットで不安材料ばかり閲覧していると、さらに不安が増大するものです。まずは、自分が好きなことを語れる集団に属したり、興味のある世界に没頭して余計な情報を遮断したりし、変化しやすい環境を整えましょう。それを踏まえたうえで、次の方法を試してください。

①人生の目的を明確にする

人生の目的、つまり、目指す方向がわかっていれば、それを実現するための具体的な行動や手段が見えてきます。しかし、それが曖昧では、霧の中をさまようのと同じで、不安になってしまうものです。そこで「どういう人生を送りたいのか」「どんな状態の自分が好きなのか」「どういった時間を過ごしていると快を感じるのか」ということを、じっくり考えて言語化しましょう。そうしたことが見えてくると、次に「何を準備すればよいか」といった具体的な行動が決まります。もちろん、行動の過程では「これをやってダメだった」ということもあるでしょう。しかし、試行錯誤しながら取り組む過程で自分の「快・不快」がわかり、自分のしたいことが明確になれば、不安は解消されるでしょう。

②「やらない理由」を捨てる

「こうすればいい」と言われても、「良くなる保証はない」という理由から行動に移さない人も多くいます。確かに**人間は、初めてのことに対して、本能的に悪い結果を想像するものです**。ですから①で述べたように、目的設定を行い、成功体験を積むことで、「試行錯誤の先に成功がある」ことを経験しましょう。むしろ、「失敗するかも」と思ったままやってみてください。たとえ失敗したとしても、「やってみた」ことが、「やらない」ことよりも進歩です。結果はどうあれ、不安があっても「行動できる人」になった自分をまず褒めましょう。

③不安を自分の強みに変える

そもそも**不安を感じやすい人は、リスクによく気がつく「危機察知能力が高い人」**とも言えます。それは1つの能力なので、ネガティブに捉えず、うまく使って、仕事や実生活に生かしましょう。その際に大事なのは、不安を漠然としたままにせず、言語化することです。なぜ不安に思うのか、どの部分にリスクを感じるのか、具体的に言語化できれば、不安を「改善が必要な点」として問題提起できます。不安を言語化することで、あなたは「ほかの人が気づかない危機も察知できる」優れた人間になることができるのです。

Q 人生がつまらないと感じてしまう

A つまらない状態は「なくならない・なくしてはいけない」

人生がつまらない、毎日が面白くないと感じる原因は、主に①単調（繰り返し行動が多い、人間関係や環境に変化がない）、②人生の目的がない、③他者目線で生きている、の3つが挙げられます。しかし、何かが変化してつまらない状態を脱しても、その状態が継続すると、またつまらなく感じるものです。人間とは物事に慣れてしまう生き物なので、最終的には、どんなに刺激がある状態も、継続するとつまらなくなってしまいます。

では、どうしたらいいのでしょうか？　それは**「つまらない状態も必要だ」と受け入れる**ことです。例えば、今の仕事が好きではない（＝つまらない）という場合、好きな趣味の時間に慣れてしまわないためにも、つまらない時間が必要なのです。中には「仕事＝自分の好きなこと」という恵まれた人もいますが、そういった人が「幸せの慣れ」を防ぐには、仕事から離れる時間（＝つまらない時間）を意識的に持つことが必要です。

ですから、まずは、つまらない状態はなくならないし、なくしてはいけない必要悪だと受け入れましょう。そして、以下のことを実践してみてください。

①単調からの解放

日々が同じことの繰り返しという人は、何か新しい行動を取り入れてみましょう。例えば、新しい勉強に取り組む、新しい稽古ごとを始める、本や音楽のジャンルを変えてみるなどです。

また、人間関係を変えるのも有効です。成功している人や一家言ある幸せな人と接することは、とても刺激になりますし、その行動を真似ることは、大いなる変化をもたらすでしょう。そして、**今の人間関係が良くないと感じているならば、その「しがらみ」を絶つのも、生活や行動を変えるチャンス**。何かをなくすことも変化です。

環境を変えたい場合は、引っ越しや転職を考えてみます。仕事に関しては、副業を始めるだけでも変化が訪れるでしょう。

②人生の目的を持つ

将来こうなりたいという目的がなく、日々をただ惰性で生きていると、確かにつまらないでしょう。しかし、本当にやりたい仕事は？　心から楽しめることは？　と、「何をするか」にフォーカスを当ててしまうと、なかなか見つからないものです。

そんなときは、**「自分はどのような状態でいると充実するのか？」を考えてみましょう。**「感謝される」と満たされるならば、世間が注目しないような小さなボランティア活動が「最適な刺激」になるかもしれないし、「誰かの役に立つ」と幸せならば、99％が苦労の子育てや介護の中に、1％の「素敵な刺激」を見つけられるかもしれません。

そして、最も大きな理由は、まだ「最適な刺激」に出会っていない可能性です。人間の知識や経験は限定的なものです。だからこそ、とにかく行動してみましょう。完璧でなくても見切り発車でもいいのです。**新しいことに取り組むこと、それが「つまらない」を解消する変化をもたらしてくれる**でしょう。

③他者目線から脱する

今の状態は決して悪くないのに、世の中の動向や他者と比べることで、自分の人生をつまらなく感じてしまうこともあります。特に、他人軸で世間の評判ばかり気にする人は、自分の「充実感」を軸にしていません。つまり、「周囲と同じことをしているから」「流行に乗っているから」面白いはずという他者目線で行動するので、本心では面白いと感じておらず、周囲や流行が変わると不安になるのです。この場合は、②で述べたように、「自分は何によって充実感を得るか」を見つけましょう。

もしくは、「流行に乗って、いろいろやっている自分が好き」「同じことをしているのが安心」というのであれば、そんな自分に気づくことが、「つまらない」を解消するポイントです。**見方を変えれば、今の生活は充実しているのに、それに気づけず、「つまらない」と過度に落胆していることも多い**ものです。

第4章

その変化、幸せにつながっていますか？

本当の「人生の目的」を見つけよう

3章では、自分を変えるためには、まず人生の目的を明確にすることが必要だ、と何回も述べてきました。目的を設定しないと、方向を間違ったり、そもそも、進むべき方向を見失って、一歩も踏み出せなくなるからです。

しかし、人生の目的と言われても、何を目指せばよいのかわからない、また目的がない自分はダメなんじゃないか、と感じている方もいるかもしれません。

そこで、「人生の目的」とは何なのか、そして、どうすれば見つけられるのか、「行動分析学」の基礎となる「人間の行動の仕組み」から、そのヒントをお伝えしたいと思います。

人生の目的とは、何なのか

この難問には多くの賢人たちがチャレンジして、数々の指針を残してくれています。しかし、いまだ「これ」といった正解は出せていません。ですから私は、「生きる目的とは」といった大それた解を示そうとは思いません。

しかし、私が学んできた**「行動分析学」の基礎となる「人間の行動の仕組み」には、「生きる目的」に対するヒントが隠されている**と考えています。

これまでの人生をどのように過ごしてきたか考えてみてください。
あなたが現在も生活できているということは、「これは良い」「これはうまくいかない」、そんな「快」「不快」に忠実に生きてきたからなのです。

例えば、基本的な動作、生まれてきて、歩く・走る・話す……そういった、生きていくための基本的な行動から、青信号になったら渡る・手を上げてタクシーを止める、勉強する、化粧する、願をかける、など、より良く生活するための習慣まで、すべて「行動したら良い結果が起こった」＝「快」を経験することで、成長してきたのです。

しかし、なぜ、「快」行動を繰り返すのでしょうか？
それは、「良いことを繰り返せば、生き残れる」という、生存本能があるからです。
つまり、**そもそもの「快」行動とは、「生き残る」＝「良い状態を継続する」という、生き**

とし生けるものすべてにとっての、究極の目的を果たすための原理なのです。

さらに、進化の過程で、人間は「言葉」を習得し、「感情」を作りました。

その結果、「快」「不快」に対する感覚、例えば、快なら充実感・満足感・安心感、不快なら恐怖感・悲壮感・焦燥感など……様々な感覚を持てるようになりました。

と同時に、その先の、生きる意味、ただ単に生存するのではなく「より良く生きる」、つまり「幸せ」という「自分だけの生きる目的」を、表現できるようになったのです。

そこで、本書では、**人間の生存本能「快」にこそ「生きる目的」のヒントがある**と考え、「快」を、充実感や「幸せ」という具体的な表現で表しました。**どんなときに「幸せ」を感じるか……、その集合体が自分の「生きる目的」、幸せの方向を示してくれる**わけです。

しかし、「幸せ」というと、多くの方がまた迷ってしまうかもしれません。

すぐ思い浮かぶ「幸せ」の感覚として、「ハピネス」があります。つまり、おいしいものを食べた、旅行した、お風呂でくつろいだ……そんな「一時的な幸せ」です。これも幸せの一種で、大切な感覚です。しかし、「一時的な幸せ」は持続しないので、満たされない「不幸せ」な感覚にすぐに陥ることが多いものです。

では、できるだけ不幸を避け、幸せが持続するには、どうすればよいでしょうか。

そこで、思い出していただきたいのが、「人間は慣れる生き物だ」ということです。**行動分析的に言うと、いくら幸せな状態であっても、同じ状態が持続してしまうと、「幸せ」と感じられなくなる**わけです。だからこそ、「変化を続けることが、良い状態（幸せ）」を作る、と私は考えるのです。

そして、必要となるのが、その状態を維持するためにはどういう行動を選択するか、羅針盤となる「目的」を持つことです。

その目的の持ち方は、1章の法則でも述べたように2つ、考えられます。

1つは、**「変化し続ける目的」そのものを持つ**ことです。

例えば、「社会に役立つ商品を広めるために会社を上場したい」のような、具体的な「達成目的」や「目標値」を持つこと、2章でもお伝えした「ｔｏｄｏタイプ」というものです。

具体的に成し遂げたいことや、使命感を目的にすると、達成するために、困難があっても行動を持続できます。これこそが成長というものです。周囲からは苦難に見えても、どんな苦労も、本人にとっては「幸せ」と感じることとなります。

もう1つは、**「変化し続けている状態」そのものを、目的とする**ことです。

これは、「ｂｅｉｎｇタイプ」でしたね。どんな状態であることに満足感を得るのか、例えば、**誰かの役に立っている状態、何かにチャレンジしている状態など、「こうありたい」という状態を維持する行動そのものを目的とする**ことです。

「幸せを感じる目的」と考えると、すごく大きなことを成し遂げなければならない、などと考えがちですが、実は「安定的な状態を維持すること」も重要な「目的」と言えます。

しかし、その状態を維持するためには、それなりの行動が必要です。生活の安定なら、財産のリスク管理や家族関係を維持する、といった具合です。しかし、その状態を維持することを「幸せの目的」とすれば、具体的な行動が設定できるようになりますし、「他人が良いとする人生」ではなく、「自分が幸せ」と感じる行動を選択できるようになります。

生きる目的、つまり「幸せ」は、あくまで自分の「快」はどこにあるのかであり、百人百様、千差万別なのです。そして、**幸せであるための目的は、「良い状態を継続する」＝「変化」がベース**であると言えるでしょう。

この「良い状態を継続する」ことを、「ウェルビーイング」と言います。

この言葉、ポピュラーになってきたので、ご存じの方もいるでしょう。１９４８年、世界保健機関（ＷＨＯ）憲章に初めて記されました。心身の健康だけでなく、幸せを感じる・社会的に良好な状態を維持する、といった広い意味での健康、つまり「満たされた状態を持続すること」と解釈されています。

「ウェルビーイング」が、今、注目されるのは、まさに人間の生活がそこまで熟してきた証と言えるのではないでしょうか。

一方で、科学技術が発展してもなお解消されないコロナ禍、気候変動といった社会不安の中で、私たちは自分の幸せという目的に向かって「変化」することが求められる時代を迎えています。

人生の目的は、どうすれば見つけられるのか

人生の目的がわからない、見つからないという方は、見つける能力がないわけでも、目的が存在しないわけでもありません。「見つけようとしていないので気づいていない」「見つけようとする習慣がない」ことが主な原因なのです。

本書のまとめとして、「目的」の見つけ方について、具体的にご紹介しましょう。

1．自分のタイプを知る

ウェルビーイングであるためには、これまでも述べてきたように、何かを達成したいという「ｔｏ ｄｏタイプ」なのか、持続したいという「ｂｅｉｎｇタイプ」なのか、ご自身がこの２つのどちらなのかを知るだけでも、方向性を見つけやすくなります。「快」ポイントがどこにあるのか、確認してみましょう。ヒントは「続けられること」「続けられていること」。それは無意識に「快」を感じているからです。

2. 完璧主義を手放す

「今の自分を変えたい」と考えている人は、「もっと良くなりたい」「幸せになりたい」という気持ちがあるはずです。それ自体は素晴らしいことです。

しかし、**自分自身の目的を持っていないと、「こうあるべき」「しなければならない」といった社会通念的な「完璧主義」な考え方を基準にしてしまいがち**です。

人と比較して、自分のダメなところに目が行ってしまったり、失敗することへの不安から、間違った方向に自分を解釈してしまいます。実は「目的」を持たない多くの方が、自分が完璧主義であることに気づかないまま、苦しんでいるのです。

昨今の研究では、世界的に完璧主義者が増えているというデータがあります。米英加だけでも、この30年ほどで、33％も増加したという論文もあります。科学技術の進歩、SNSの影響も大きいでしょう。

特に日本は、世間体や体裁、「空気を読む」といった社会通念が確立しているので、「こうあるべき」という「べき論」に囚われる傾向が強いとされています。**まずは、この「べき**

論」に囚われていないか、気づくことから始めましょう。

そこで、社会通念に囚われている自分に気づく方法をお伝えしましょう。

「因果関係を考える」という思考法です。

例えば、「片付けができる人になりたい」。

その理由は、何でしょうか？　「仕事ができる人は整理整頓ができている」から？

では、「整理整頓できる人、全員が、仕事ができる」のでしょうか？　そんなことはありませんね。もちろん、「仕事ができる人の多くは、整理整頓ができている」かもしれませんが、全員ではないはずです。相関関係（AとBに何らかの関係がある）はあっても、因果関係（AとBが原因と結果の関係がある）としては、正しくないのです。

それなのに、「べき論」に陥ると、「自分もそうであるべき、だって、それが正しいことだから！」と思い込んでしまいます。その結果、「できない点をなくす」ことにフォーカスしてしまうのです。

しかし、**「できない」ことより、「できる」ことに自分の力を注ぐほうが「充実感」が強い**

ですよね。誰かに任せる代わりにほかで貢献する、などいろいろな方法があるはずです。

そういった「できる点」＝強みにフォーカスするには、**「自然にできてしまう・なぜか褒められる」ことを探す**、という方法があります。

テレビなどでご活躍の林修先生も、「予備校の講師は好きではないが、なぜかできてしまうからやっていた」そうです。そして、「できることで勝負すると、勝てる確率が高くなるし、充実感を得られる勝てることを仕事にすべき」と言っています。そして「好きなことは、お金を払って始め、大成したら仕事にすればいい」という持論を語っていますが、この考え方は、私自身、とても重要だと思います。

自分の「できる」「強み」を軸に行動を設定して、「べき論」から少しずつ距離をとってほしいと思います。

ほかにも自分の強みを探す方法をいくつか挙げておきましょう。

- 他人に自分の良さを指摘してもらう（客観的に自分を理解する）
- 自分のスキルや能力に目を向ける
- 昔から持っている興味に目を向ける

・自分をサポートしてくれる、友人・家族・組織など自分の外部リソースに目を向ける

3. 気持ちを文字化する

まだ、目的に気づけるほど、自分に向き合ったことがない……。そのような方は、**「気持ちに気づく」トレーニングとして、「気持ちを言葉にする」ことから始めてください。**

様々な行動に対して、「これって、すごい！」「満足感、抜群！」「楽しい！」「スッキリした！」など、そのときの自分の「感情」を言葉にしてみるのです。

気持ちに気づけないと、行動そのものの価値が見えてきません。それでは、何が自分の人生にとって良いのか悪いのかもわかりません。**まずは「快」「不快」を明確にすることが、目的の一端を見つけるヒントとなります。**

気づく行動の基本は「言葉にすること」です。文字でも、口に出すのでも、どちらでもかまいません。日記を書くことは特にお勧めです。これは文字化することで、自分自身の

感情を脳がしっかり認識するからです。
「目的」のヒントとなる感覚としては、「嬉しい」「感謝する・されて充実した」「安らぐ」「興味深くもっと追求したい」「誇りを感じる」「愉快で楽しい」「気持ちが上がって鼓舞された」「敬虔な気持ちで精神が鎮まった」「愛情を感じる」「希望が持てワクワクする」。この10個の感覚を目安にしてください。

人生の目的は、すぐに見つかるものではありません。試行錯誤していくうち次第に「快・不快」がわかってくるものです。自分の幸せを阻んでいるハードルを越えるためにも、3章で紹介した方法を参考に、まずは実際に行動してみてください。

4. ゴール設定を柔軟に考える

もちろん「こうかもしれない」という仮の目的を設定するのも悪くありません。進んでみて違ったら、修正すればよいのです。

仕事に関してのヒントとして、「キャリアの8割は偶然の出来事によって決定されている（ジョン・D・クランボルツ『計画された偶発性理論』）」や、「キャリアドリフト（金井壽宏『働くひとのためのキャリア・デザイン』）」という考え方を参考にしてほしいと思います。

方向性や「目的」を決めておくことは必要ですが、固執すると行き詰まってしまいます。そして、予期しないことが起こったとき、パニックを引き起こします。

そんなときは、**運命に抗わず、流されてみてもいい**のです。それは、何かのチャンスかもしれません。**ちょっと寄り道して違うことをしたり、休息するのもいい**でしょう。そして、**また時が来たら、変化した新しい「自分」で目的に向かっていけばいい**のです。

これは、仕事だけでなく、人生においても同じことが言えます。人生においての変化のきっかけは、「何かが終わること」である場合も多いものです。アメリカの学校では、卒業式のことを「コメンスメント（Commencement）」、つまり「始まり」と呼びます。今まで蓄積したことを発揮する、表舞台の始まり、ということなのでしょう。何かが終わってしまう、失ってしまう……これは必ずしも悪いことではありません。何かを始めるためには、何かを終えなければならないこともあるのです。

また、何かを達成してしまったとき、例えば、「上司とうまくやれるようになった」「信頼できる友達ができた」「結婚できた」など、自分を変えることで目的が達成されたときにも同様のことが言えます。

つまり、**「達成された」＝「卒業の時」**です。達成感で幸せな気持ちになっても、そのうち慣れてしまって幸せを感じられなくなります。周囲が羨むようなお金持ちであっても、人間不信に陥ったり、逆に、お金の不安が増すことになりがちです。

そんなときこそ、**「次の新しいことに取り組む」＝「さらに変化すること」が、幸せの新しい扉を開いてくれます**。

例えば、「お金持ちになる」ことが目的であり、達成してしまった「ｔｏ ｄｏタイプ」の場合。「お金を使って何をしよう」と、新たな目的を設定することで、次なるステージの「良い状態」を継続できるようになります。

また、「幸せを持続したい」といった「ｂｅｉｎｇタイプ」の人が、「結婚する」という目的を達成したとしても、その後の目的がなければ幸せな関係が長くは続きません。そこで、お互いが「快適」と感じる旅行をする、ライフスタイルを探る、お互い感謝するなど、幸せな状態を継続するために、二人の「快」ポイントを探し続ける・実行し続けることが、幸せを感じ続けることになるでしょう。

そして、**大事なのは、人生の目的は1つとは限らない、ということ**です。仕事にも、家族にも、趣味にも様々な目的があるはずです。仕事で達成してバーンアウトしそうなときに、今度は「家族」や「友人」「趣味」といった新たな目的を設定すれば、それはまた、新しい幸せの幕開けとなるでしょう。

新たな目的を持つということは、「新しい自分を知る」ことでもあります。**幸せとは、「新しい自分を発見する喜び」をいかに継続するか**、なのかもしれません。

自分の「快」はどこにあるのか、それを新しく知れただけでも、幸せなのです。生きる目的とは、「快」の集合体です。そのために、まずは行動すること、変化すること、そして「快」を感じることです。

ご紹介した法則「行動分析学3・0」は、人間の生体機能に基づいた原理原則がベースになっています。この先、どんな不確定な時代を迎えても、きっと本書の法則がお役に立てるはずです。皆さんが、新たな第一歩を踏み出し、変化を遂げて、「新しい自分」に出会えること、そして幸せな人生を送ることを、切に願っています。

【参考文献】

書籍
『行動分析学入門』杉山尚子・島宗理・佐藤方哉・リチャード W マロット・マリア E マロット著（産業図書）
『うまくやるための強化の原理』カレン・プライア著　河嶋孝・杉山尚子訳（二瓶社）
『行動分析学入門－ヒトの行動の思いがけない理由』杉山尚子著（集英社新書）
『行動の基礎　豊かな人間理解のために』小野浩一著（培風館）
『対人関係療法で改善する夫婦・パートナー関係』水島広子著（創元社）
『メリットの法則　行動分析学・実践編 』奥田健次著（集英社新書）
『幸せのメカニズム 実践・幸福学入門』前野隆司著（講談社現代新書）
『関係フレーム理論（RFT）をまなぶ　言語行動理論・ACT 入門』ニコラス・トールケネ著　監修：山本淳一　監訳：武藤崇・熊野宏昭（星和書店）
『このまま今の会社にいていいのか？と一度でも思ったら読む転職の思考法』北野唯我著（ダイヤモンド社）

論文・記事
「職場における言語教示のみによるビジネスコーチングの有効性－幹部候補生の昇進に向けた向上心・積極性・社会的スキルの改善－日本大学大学院総合社会情報研究科 博士前期課程」阪田陽子
「キャリアの学説と学説のキャリア」独立行政法人労働政策研究・研修機構 日本労働研究雑誌 No.603, 4-15. 金井壽宏
John Coleman (2017). You Don't Find Your Purpose—You Build It. *Harvard Business Review*, NY, October 20.
Gerhard Furtmüller, Christian Garaus, and Wolfgang H. Güttel.(2016). Even Tiny Rewards Can Motivate People to Go the Extra Mile, *Harvard Business Review*, NY, June 07.
Sue Shellenbarger(2014). To Stop Procrastinating, Look to Science of Mood Repair, *THE WALL STREET JOURNAL*, NY, Jan. 7.

【著者紹介】
阪田陽子（さかた　ようこ）
株株式会社 ビジネス・ブレークスルー（BBT）ビジネスコーチ。公益財団法人 大原記念労働科学研究所 協力研究員。奈良女子大学文学部卒。日本大学大学院総合社会情報研究科博士前期課程修了。認定心理士・2級FP技能士・EQGA公認プロファイラー。元NHK-BSニュース キャスター。
BBTでは、リーダーシップ・アクションプログラムにてビジネスコーチとして活動。ビジネスコーチングの有効性について大学院にて論文作成、認定心理士・人間科学修士を持ち、「コミュニケーション」「行動分析学」をベースにした、科学的な対人関係スキル改善が専門。「人生の目的設定」「感情コントロール」「個性にあったリーダーシップスキル」を開発。昨今は、ビジネスのみならず、働く女性に向けたライフコーチングの依頼は、講座・講演ともに急増。アナウンサーとしての専門性を生かしたコミュニケーションスキル・緊張緩和指導も行っている。フリーアナウンサーとしてはNHKのナレーションが長く、主な番組は「ニュースウォッチ9」「ニュースチェック11」「海外ネットワーク」など。

新時代の変化の法則
「なりたい自分」を科学的につくる方法

2023年4月12日　第1刷発行

著者　阪田陽子

装丁　重原隆

出版プロデュース　株式会社天才工場　吉田浩

編集協力　佐藤雅美　出雲安見子

発行者　岡田　剛

発行所　株式会社　楓書店
〒150-0001　東京都渋谷区神宮前3-25-18 2F
TEL 03-5860-4328
http://www.kaedeshoten.com

発売元　株式会社　サンクチュアリ出版
〒113-0023　東京都文京区向丘2-14-9
TEL 03-5834-2507　FAX03-5834-2508

印刷・製本　シナノ書籍印刷株式会社

ISBN978-4-86113-836-2